TALENT MAGNET

How to Attract and
Keep the Best People

优秀人才
要什么,
你懂吗？

[美] 马克 米勒 著

吴小佩 译

中信出版集团｜北京

图书在版编目（CIP）数据

优秀人才要什么，你懂吗 /（美）马克·米勒著；
吴小佩译. -- 北京：中信出版社, 2019.12
　　书名原文：Talent Magnet: How to Attract and
Keep the Best People
　　ISBN 978-7-5217-0791-5

　　Ⅰ. ①优… Ⅱ. ①马… ②吴… Ⅲ. ①企业管理 – 人
力资源管理 Ⅳ. ①F272.92

中国版本图书馆CIP数据核字（2019）第 267153 号

优秀人才要什么，你懂吗

著　　者：[美] 马克·米勒
译　　者：吴小佩
出版发行：中信出版集团股份有限公司
　　　　　（北京市朝阳区惠新东街甲 4 号富盛大厦 2 座　邮编　100029）
承 印 者：北京通州皇家印刷厂

开　　本：880mm×1230mm　1/32　　印　张：7　　字　数：65 千字
版　　次：2019 年 12 月第 1 版　　　印　次：2019 年 12 月第 1 次印刷
京权图字：01-2019-2978　　　　　　广告经营许可证：京朝工商广字第 8087 号
书　　号：ISBN 978-7-5217-0791-5
定　　价：38.00 元

父亲，感谢您教会我怎样生活，
更重要的是，引导我怎样去爱人和自爱。
您的影响力将会一代代传承下去！

目录

I

提升选手层次，你就能在竞争中更胜一筹

众人皆知，寻找并留住最优秀的人才已成为许多领导者的当务之急。然而最近几年，说服有才能的人加入我们的组织变得更加困难。

我们渴求人才，但随着人口结构的转变、就业数据波动、竞争日益加剧以及求职期望的改变，吸引优秀人才变得愈加困难。这些因素导致许多组织的人才极度短缺，由此引发了一场人才争夺战。在此背景下，这项研究及你现在正在阅读的这本书应运而生。

随着人才需求的日益增长，我的团队想知道：真正吸引"优秀人才"的是什么？

你在遇到问题时会怎么办？用谷歌搜索。如果谷歌上面没有令你满意的答案呢？你会把问题归类为"无法攻克的难

题"，或者自己寻找答案。我们当时的处境就是这样，我们提出的问题要么没有现成的答案，要么构成答案的信息不够充分。

接下来我们联系了人力资源领域的全球思想领袖。我们理所当然地认为他们可以解答"吸引优秀人才的是什么"这一问题。然而让我们感到震惊的是，我们屡次被告知："从未有过这方面的研究。"

最终因为没有现成的可信答案，我们决定自己开展这项工作。

我们以吸引优秀人才的要素为焦点进行了一项突破性的定量研究，并对数百名表现突出者进行了面对面的访谈和在职调查，从中得出的最主要的观点是：

吸引和留住优秀人才的要素与吸引和留住一般人才的要素存在差异。

这本书会阐明它们的差异所在，也可以作为你和你的组

织反思人才战略的一面镜子。你所提供的真的是优秀人才想要的吗？若不是，原因何在？在此过程中，即使你对领导者角色的认知被动摇，你也不必惊讶。

人才争夺战

"怎么会这样呢？"布莱克思忖道。

他刚走出会场，结束了和人力资源部的会议。人力资源部的工作人员称他们将无法为公司的近期发展计划配备工作人员，并建议布莱克下调公司的增长目标。他们找不到足够的合格人才来完成公司的目标。公司的人才缺口很大，并且仍在加剧。

他的团队解释，多重因素导致了危机四伏的现状——公司需要同时承担经济形势、人口结构的改变和同行竞争带来的压力。结果是他们被迫卷入了一场"人才争夺战"。

布莱克还不习惯听到此类坏消息。自从就任首席执行官以来，他很早就决定建立一个高效能组织，这给他带来了巨额的回报。公司所有的指标都在持续攀升，但是这则坏信息可能会改变一切。布莱克知道，人才是公司成功的关键。突然间，在一次短暂的会议中，人才问题成了公司最大的软肋。

团队的建议出乎布莱克的意料，但是他如果能坦诚地面对现实，就会发现，其实暴风雨来临的预警信号已经持续了几个月。然而，他过于乐观、过度放权且无暇顾及，最终未能及时发现这些信号的关联性。

他过于乐观、过度放权且无暇顾及，最终未能及时发现这些信号的关联性。

当他回想自己错过了什么时，他想起公司最近流失了几位核心人物。更令人不安的是，可以替代这些核心人物的候选人都拒绝了加入他公司的邀请。更糟糕的是，他脑海里的一些线索都表明，公司的人才管道就像是一个正在滴滴答答漏水的水龙头。举例来说，布莱克习惯于给新员工写个人寄语，但在过去的几个月，他不需要写那么多寄语了。

布莱克曾经认为这是人力资源部的问题，现在这显然成了他需要重点关注的问题。他不禁回想，也许几年前自己就应该更加重视这个问题了。

●　　●　　●

当布莱克走向他的汽车时，他的思绪又跳到即将参加的晚宴上。这是一个同侪辅导小组，参加者是来自不同行业的8位首席执行官。今晚是他们第一次见面，大家可能感兴趣的讨论主题已经提前交给了主持人。在开车的路上，他在想这群人会讨论什么主题。他提交了3个主题——遗憾的是，人才配置不在其中。

晚宴上，与会者轻松交谈并互相认识。这群领导者不仅在种族、性别和年龄方面多元化，还代表着完全不同的行业：高科技、制造业、零售业、酒店业、建筑业、教育、医疗保健，甚至是全球性的非营利组织。

当甜点端上来时，玛莎·利文斯顿的发言引起了大家的关注。"欢迎你们，"她带着热情而亲切的微笑说，"谢谢你们参加这项实验，实验的设想很简单：我们可以互相学习。今晚是我们第一次来证明它。"

"正如我们之前通过电子邮件讨论过的，我们将在每次会议上讨论一个主题。我们的目标是分享对某一特定问题的见解。今晚因为绝大多数人的提议，我们将讨论如何找到和留住人才。"

布莱克松了一口气。

玛莎继续说："我先抛砖引玉。我从业已经45年了，这可能是我所遇到的最严重的一次人才危机。如果我们不能尽快破解人才难题，那么我们将不得不放慢我们的发展计划。"

巴特·埃尔克里奇点了点头以示认同。"我可以找到人，"他说，"但问题不在于此，我担心的是人才的层次问题。我们公司的业务比较复杂，不是任何人都能够或愿意做我们所要求的高难度工作的。"

我可以找到人，但问题不在于此，我担心的是人才的层次问题。

与会者一个接一个地发言，每个人都就这个问题发表了自己的看法，但没有人提出任何解决办法。

"嗨，我是布莱克。你们的发言让我感到振奋。我是这里最缺乏经验的人，担任首席执行官10年来，我从未遇到过如此严峻的人才挑战。但是，我的观点是：这个世界到处是才华横溢的人。你们中的一些人称他们为种子选手。他们仍然想工作，并渴望做出贡献，我们为何不争取到他们呢？"

玛莎回应说："布莱克，我很敬佩你的精神。这就是我们来这里的原因——寻找答案，而不仅仅是怜悯。你建议我们怎么做？"

"我不确定，但我决心做出一些改变。我会让我的员工研究出一个可行的方案。"布莱克说，有几个人点头表示同意。

"你不是已经这么做了吗？"全球非营利组织负责人贝齐·罗伯逊问。

"并没有。"布莱克坦言，"我知道这是一个新问题，但直到最近，我才意识到形势如此严峻。老实说，当玛莎宣布今晚的话题时，我希望你们中已经有人找到了答案。"

"并没有！"巴特笑了，"我也希望如此，所以我把它排在列表的第一位。"

"没有答案，"玛莎叹了口气，"但至少我们共进了一次愉快的晚餐。"

"我知道我们规定在每次会议上讨论一个不同的话题，但下个月我们能再谈一次有关人才的话题吗？"布莱克问。

"除非你们能拿出一些解决方案。"玛莎的语气像是在给大家布置家庭作业。

●　　●　　●

在家中，布莱克的儿子克林特打开了一封亲笔信。这封跋涉了 7 000 多英里（约 11 263 千米）的信布满灰尘，边缘皱皱巴巴。他立刻明白这是朋友巴科寄来的信——淳朴工整的手写地址证实了他的猜想。去年春天，两人相识于一次学校旅行。

克林特只有 16 岁，但受到父亲的影响和支持，他的成长速度已经超过绝大多数同龄人。布莱克非常重视儿子克林特全球化思维的培养，并资助他出国旅行。这种体验培养了他难得的同情心和同理心。

克林特读信时，眼里噙满了泪水。

"我的小妹妹阿玛拉今天去世了。我想把这个消息告诉你，因为她把你当成朋友。人们说是水害死了她……"

克林特想："怎么可能呢？水？这怎么可能？"

他立刻想起，阿玛拉的村子里没有水，她得每天步行几个小时去找水。克林特意识到可能是水污染夺去了她的生命，他感觉万分痛苦。

愤怒、沮丧和困惑同时裹挟着他。他知道阿玛拉的死已经无法挽回，但他也知道自己必须行动起来。

◦　◦　◦

与首席执行官们共进晚餐后，布莱克正开车回家。这时他接到了儿子克林特的电话——关于巴科的来信和阿玛拉去世的消息。

"我理解。我知道你想做点儿什么。当然我会助你一臂之力的。明天是周六，我们出去吃早饭，谈谈思路。"

行动起来

　　第二天早上天还未亮，布莱克就起床了。他在考虑怎样更好地帮助克林特处理好情绪，他还记得当初自己的父亲意外去世时所体会到的伤痛。克林特还从未体会过失去亲密之人的痛苦。

　　他们来到当地的一家松饼店，服务员安排他们坐在角落的包间里，包间里摆满了这家店营业75年来的纪念品和一些已经发黄的老主顾的照片。

　　"你知道我的父亲和我曾经在这里吃过饭吗？"

　　"知道，我们上次在这儿吃饭的时候你提到过。"

　　"我告诉过你我和父亲最后一次见面和聊天也是在这里吗？"

　　"这个我不知道。你们都聊了些什么？"

　　"领导力——我觉得我们今天也要谈谈这个话题。"

　　"你是说我们吗？"

　　"是的。我们来谈谈应该怎样行动起来以应对阿玛拉的去世。我认为答案就在领导力里。"

"你指的是谁的领导力？"克林特问。

"你的，"布莱克说，"你是怎么考虑的？"

"首先，我想为巴科的村子添置一口水井。"

"好的，听起来是个不错的开始，然后呢？"

"我不太清楚，但是我要先从这口井开始。我做了一些调查，挖一口井需要花费 8 000 美元。"

"好吧……"布莱克等他继续说下去。

"我不想向你和妈妈要钱，当然也不能动用我的大学基金。我认为我不能单枪匹马来做这件事。"

"我正在听。"

"我想让我的几个朋友一起帮忙。"

"具体准备怎么做呢？"

"一开始，我们需要找到工作。"

"你说的'我们'具体是指哪些人？"

"泰勒、奥利维娅和亚历克斯。他们还不知道阿玛拉去世了，但是我让他们今天下午过来。他们都去过那个村子，也都见过那里的生活条件，我确信他们会帮忙的。我已经简单计算了一下——这取决于我们在哪里工作，如果我们能找到几个捐款者，我们应该在几个月内就可以筹到这笔钱。"

●　　●　　●

"发生什么事情了?"亚历克斯满面笑容地问。他是第一个抵达克林特家的。"我不确定你之前有没有发短信说'我们要开个会'——很多会我可是不参加的。"

"过一会儿你就知道是什么事情了,等其他人到齐了我们就开始。"克林特说话的语气和心情一样沉重。

"还有其他人?还有谁要过来?"

"我还邀请了奥利维娅和泰勒。"

"听起来还很正式!"

克林特还没来得及回应,其他两个人走了进来。

"大家好,知不知道你们是来参加会议的。"亚历克斯揶揄道。

"听起来是有些怪怪的,"奥利维娅说,"还弄得这么正式,发生什么事情了?"

"当然有事情,你们都坐下来。"克林特说。

"你不舒服吗?是生病了吗?"泰勒问。

"我很好——不,我不太好。大伙儿还记得巴科和阿玛拉吗?"

"当然记得。这两个人太棒了,那次旅行我一辈子都会记得。"泰勒附和道。

"哎……"克林特停顿了一下，"我昨天收到巴科寄来的信，信上说阿玛拉去世了。"

"不可能！她还那么小，跟我们年纪差不多。"

"发生什么事了？"奥利维娅问。

"是水的问题。"克林特眼睛低垂着说。

"水？"

"对，你还记得那里的水吗？"

"不太记得了。"泰勒说。

"原因可能是阿玛拉的村子里没有饮用水，而且我们也被告知不要喝他们的水。"

"天啊，这太可怕了。"

大家都静静地坐着，一言不发。奥利维娅的眼泪慢慢滑下脸颊，她问："我们准备做些什么呢？"

"这就是我召开这次会议的原因。"克林特说。

"我们能做些什么呢？"亚历克斯问。

"我已经做了一些调查。我想大家要做的第一件事就是为阿玛拉的村庄买一口水井。"克林特说。

"你能买一口井？"奥利维娅问。

"没错——前提是有钱。"克林特回答。

"需要多少钱？"泰勒问。

"大约需要 8 000 美元。"克林特说。

"哇，那可是一大笔钱！"泰勒表示难以置信。

"我知道。"克林特承认。

"你想过怎么筹到这笔钱吗？"亚历克斯问。

"当然，我们都要去找暑期兼职。"克林特肯定地说。

"兼职？"泰勒说，"我从来没有真正工作过。"

"你的年龄已经可以开始工作了。"奥利维娅说。

"怎么才能找一份真正的工作呢？"泰勒问。

"这就是我们下面要讨论的问题。"克林特说。

在接下来的一个小时里，这个新成立的团队列出了十几个他们可能工作的地方。列表中包括通常会招聘暑期工的场所和其他一些零星的地方——一家烘焙店、一家咖啡馆、几家餐厅、一家电器行、一间宠物美容店、两家建筑公司、一家医院、三家服装店、一家运输公司和一所学校。

他们根据每个人的兴趣和可能的匹配度来划分这个列表。每个人都要拜访一家可能的雇主，搜集信息、了解他们是否在招聘，然后反馈给团队。

○　　○　　○

　　晚餐时，克林特跟家人分享了买井计划的最新进展。布莱克和妻子梅甘表示全力支持，比他小 18 个月的妹妹克里斯滕也表示要帮忙。

　　克林特还将他们准备找工作的几家店也告诉了家人。"我们要先分头去看看这几家店的情况，然后再碰面交换意见，最后再做决定。"

优秀人才

星期一早上，布莱克召集人力资源部的负责人参加会议。

"在上次的会议中，你们让我注意到公司面临着合格人才不足的挑战，导致无法实现我们的增长目标。我们准备在这方面采取什么措施？"布莱克问。

人力资源部总监查尔斯代表团队发言："上次会议至今刚过去两天，情况并没有多少变化。我们的工作依然在运转，我们计划这周参加人才招聘会，筛选线上资源，并且我们也已经通过电话咨询了一些专业的猎头。"

"老一套方法我们都已经试过了，并不管用，现在我们需要新的方案。"布莱克语气很坚决。

"您现在已经有了新的方案吗？"查尔斯问。

"我觉得我们需要回到原点，问一些有差异性的问题。这边有一些问题可以给你们提供思路……"

"我们的用人策略是什么？我们的目标员工有哪些？你们

怎样描述他们？ 我听说你们用过'优秀人才'这个词，我觉得这个说法不错——我们现在要确认的是大家对优秀人才的定义是一致的。其次，他们在工作中想得到什么？"

"你指谁？"查尔斯问。

"优秀人才。"布莱克答道。

"我们从来没有问过他们这个问题。我们提供一揽子待遇——标准的就医和休假等福利。"

"可以确定的是，我们现在提供的待遇是不够的，不然我们也不会陷入困境。最重要的是，我们要知道怎么做才能成为人才磁铁。"

查尔斯显然对这个词感到困惑，他问："人才磁铁指的是什么？"

"是指一个地方非常有吸引力，优秀人才都排队去这个地方工作。"

人才磁铁是什么？

"是指一个地方非常有吸引力，优秀人才都排队去这个地方工作。"

"你指的是什么，我猜是领导者。"佩姬说，她在团队里资历比较浅。

"不，并不一定是，"布莱克澄清说，"我考虑更多的是独立个体。这些有才华的个体将来某天都有可能领导别人，但是我并不认为这是我们的焦点。"

"终极的人才磁铁不是金钱吗？"加里——查尔斯团队的另外一位成员问。

"当然，人人都希望赚钱。但是我不太确定金钱是否是优秀人才的终极激励因素。"布莱克说。

"那你认为终极激励因素应该是什么？"查尔斯问。

"这就是我们要弄清楚的问题。"

"明白了，"查尔斯说，"我们首先要调研公司内部的优秀人才。他们为什么来到我们公司？是什么吸引了他们？"

"这是个不错的开局，"布莱克说，"我还有一个建议。"

"什么建议？"

"也要调研那些一般人才——那些我们认为是次优级的员工。我认为只有对比这两组员工我们才能发现问题的关键所在。我们想要创造一个能吸引更多优秀人才的组织。"

"人才磁铁。"查尔斯附和道。

"你说的没错。"布莱克说。

° ° °

接下来的一周，查尔斯和他的团队开展研究以回答布莱克提出的问题：创造一个人才磁铁需要哪些因素？这项工作分为两个部分：定性研究和定量研究。他们需要分别对一般人才和优秀人才进行采访和在线问卷调查，围绕着"你为什么决定来这家公司工作"这个核心问题。查尔斯的团队不只想知道这个问题的答案——正如布莱克提出的，他们还想知道吸引优秀人才和一般人才的要素是否存在差异。

查尔斯将亲自对焦点小组进行研究。其研究的第一批人是组织中最闪耀的明星——包括新进员工和长期表现优异者。

° ° °

简单介绍后，查尔斯开始正式发言："感谢你们今天刚接到通知就来到这里。你们应该已经听说了，我们想吸引更多像你们这样的人才加入公司。所以，向你们询问为何选择我们公司这个问题再恰当不过了。我们知道，像你们这样的高层次人才可以选择去其他任何地方工作。"

"首先，我想问的问题是，回想一下你们的上一份工作，告诉我这份工作和你们的上一份工作有什么区别。当然也不要太苛刻——借机故意说之前雇主的坏话。"大家哄堂大笑。

一位名叫卡罗琳的中年员工第一个发言："我的上一份工作让我觉得自己就像一台机器，我知道有些工作必须完成，但是我没有成长、提升和进步的机会。我只需要达到预定目标——预定目标会越来越高。"

罗布，一位年轻儿点的男士说："这是我的第一份工作，我来这边工作是源于我对领导力的认知。我听说过布莱克和其他公司领导者。布莱克在我的学校做过演讲。在演讲之后，我借机和他交谈。我觉得他是一个很真诚的人。"

"你们当中有多少人在来这里工作之前就了解这家公司的领导层？"有几个人举起了手。"好的，谢谢。你们都了解了哪些信息呢？"

"我从来没有见过布莱克，甚至不知道他的名字，但是我听邻居谈论过这里的一位主管。邻居说这位主管是个堂堂正正的人，非常关心下属的利益。"

"在座的各位，有谁愿意分享一下你为什么离开之前的公司？"

斯坦是在座中年龄最大的员工，他说："这当然涉及底线问题。我知道公司需要赢利，公司需要有利润才能不被行业淘汰。但问题是，公司的重心真的就永远是削减成本和提高利润吗？我厌倦了这些，所以离职了。"

"那你为什么选择来我们公司呢，我们当然也需要赢利。"
查尔斯追问。

"是的，我刚才已经说过，我认为赢利没有错。但是我们
公司在赢利之外的做法很值得赞赏，例如我们提供社区服务，
回馈社会。我认为这很重要，这就是我来这里的原因。"

"谢谢你，斯坦，我们再听听其他人的想法……"

为了平衡讨论的内容，查尔斯的问题集中在这些人才为
什么选择来这家公司上面。

●　　●　　●

调研的下一组员工是所谓的一般人才代表。他们在组织
中的表现并不差劲，相反，他们是公司持续稳定的奉献者。这
些员工被一些组织称为次优级。布莱克建议调研一般人才，这
将产生意想不到的效果。

"大家好，在座的各位中有些我可能没见过，我叫查尔斯，
是公司的人力资源总监。感谢你们从繁忙的工作中抽出时间来
跟我谈话。我们知道，公司的发展从很大程度上是由于你们的
辛勤工作。发展带来了无数挑战，其中之一就是如何吸引足够
多的人才来完成工作。这就是我们今天要探讨的议题——是什

么吸引你们来我们公司工作?"

查尔斯非常擅长一个接一个地抛出问题,谈话进展得非常顺利。很显然,这两组员工之间存在相似性,但也存在明显的差异。有些优秀人才提到的吸引要素在第二组的谈话中完全没有被提及。

尽管还有更多的焦点小组,但基于对以上两组员工的调研,查尔斯认为布莱克的直觉是正确的——吸引优秀人才的因素是独特的。但是查尔斯希望在得出最终结论前获得更多的论据支撑。

○　○　○

为了搜集准确的数据,查尔斯和他的团队列出了潜在的吸引要素列表,其中很多在之前的焦点小组谈话中都曾被提及。他们据此编制了在线调查问卷,这样员工就可以按顺序排列吸引他们加入公司的关键因素。他将调查问卷分发给两组员工:优秀人才,即连续 3 年获得最优秀表现评级的员工;一般人才,即评级一直稳居优秀人才之后的员工。

接下来的一周,调查问卷将被分发给两组员工。团队迫不及待地想看到调查结果是否能够支持他们的设想。

为了研究得更深入,查尔斯联系了全球公司中的十几个同行，询问他们是否想给员工做在线问卷调查。他得到的回答几乎全部是肯定的。

更广泛的取样将有助于证明团队的设想，并消除任何单个组织的内在偏见。团队将揭开优秀人才的面纱。

为什么选择优秀人才

布莱克迫不及待地想参加下一次的首席执行官晚宴会议——尽管上次会议的效果不大，但他的心态依然乐观。他知道这些人都在各自领域表现突出，他想尽可能多地向这些人学习。

简单寒暄之后，玛莎抛出一个问题，大家开始交谈。

"谁完成了数据报告？谁有了突破？"停顿了很长一段时间后，"没有人吗？当然，肯定有人做了工作。"玛莎转向布莱克，"我记得初次见面时你充满了活力和干劲。你有了什么成效吗？"玛莎问。

"我们已经明确了目标。"布莱克主动说。

"然后呢？"贝齐问。

"我们正在朝这个目标努力。"

"听起来并没有多大进展。"巴特说。

"你这么说我充分理解，我也希望我们能有更多的突破。然而，我相信把问题界定好就解决了一半的问题。"

"你觉得只有你们找到了问题所在？我也是。"萨姆·考德威尔——一家总部在镇上的小型连锁酒店负责人说，"我需要人手，我招不到足够的人手。"

"这是你面临的问题，但不是我面临的问题，"布莱克说，"我们的问题有本质区别。"

"我觉得你的问题就是招不到人手。"萨姆质疑道。

"确实是这样，但是我们的问题不是招不到人手，而是我们要招到优秀人才。我们要解决的问题是：什么能吸引优秀人才？"

"优秀人才听起来像是……"萨姆及时打住，"胡扯，听起来像是胡扯。"

"打断一下！"玛莎插了进来——和萨姆认识几十年了，她感觉和他正面交锋没什么不妥，"你已经喝多了吗？你今晚比平常还要粗鲁，注意听这个年轻人发言。"

"谢谢你，玛莎。"布莱克说，"我也真的没什么好说的了。"

"告诉我们你为什么要招到优秀人才，而不是萨姆说的'人手'，"玛莎建议，"萨姆的做法不是更简单吗？"

"首先，我难道是在场唯一一个需要优秀人才的人吗？其他各位不需要优秀人才吗？"布莱克问。

好几位举起手来。

"谢谢，这让我感觉好多了。"布莱克说，"那好，让我来解释一下为什么萨姆应该重新思考他的人才战略，提高人才的标准。我们能不能列举出优秀人才为什么重要的 10 条原因？"布莱克注意到会议室角落挂着白板。他想搜集在座高管的想法——他当时还不知道自己需要这些信息来说服公司内部的怀疑者。

"现在，"布莱克说，"列出 10 条我们投入时间、精力和资源来招募优秀人才的原因……"

接下来大家进行了激烈的讨论，并产生了如下列表：

为什么选择优秀人才？

1. 创造竞争优势。

2. 让公司更为灵活。

3. 产生更好的结果。

4. 更好地应对复杂情况。

5. 更多的增长。

6. 代表我们的品牌。

7. 加速发展。

8. 创造我们的未来。

9. 产生能量。

10. 吸引更多优秀人才。

"干得不错。我还想再加一点，我认为追求优秀人才是公司唯一的出路。我们客户的要求越来越严苛，市场竞争加剧以及生意越来越复杂，这使得优秀人才变得异常关键——这就是原因所在。我们坚信，有优秀人才的组织最后才能赢得胜利。"

"这是一个让人印象深刻、很有说服力的列表。但是你要怎么做才能吸引优秀人才呢？"贝齐问。

"实话实说，我们离目标还很远，再坦白一点儿，我都不确定自己应该怎么做。"

"为什么这么说？"玛莎问。

"我们甚至还不知道优秀人才想要什么——目前还不知道。我们启动了一个项目来寻找答案。不幸的是，我们之前从来没问过他们这个问题。我们做了一系列的设想，根据目前的状况，我不得不说我们的设想大错特错。"

巴特说道："等等，布莱克，你还年轻，但也不是毫无经验。你应该知道优秀人才需要顶尖的待遇，事实就这么简单。"

"是这样吗？真的是这样吗？"布莱克反问道，"最近我们流失了好几位已经确定要招聘的人才。我们后来核实过，他们被竞争对手挖走了——工资跟我们开得差不多，其中一位的工资反而降低了。"

"我同意，员工都希望有较高的收入，这也包括优秀人才，但是我相当清楚金钱不是根本的解决方法，除非你想要的只是人手。我认为萨姆只要把时薪提高几美元就能解决他的短期问题。我不太清楚萨姆的员工想要什么，但是优秀人才与他们不一样，我确信吸引优秀人才的要素也不一样。"

优秀人才与他们不一样，我确信吸引优秀人才的要素也不一样。

"请随时告知我们进展情况。"贝齐要求道，"玛莎，我知道你不想把聚会变成主题单一的圆桌会，但能否允许我们下个月也讨论这个话题？"

"除非我们想在人才问题上浪费金钱，或者降低我们对人才的标准，否则我们别无选择。"玛莎回应道，"我们下个月见，记得带着更多的答案来。"

待大家都走后，萨姆走向布莱克问道："我们能聊聊吗？"

"当然。"

"不好意思，我知道自己今天有点儿过分了。我今天没有喝多，大家说的都有道理。我不想和大家解释什么，但是我们公司确实身处困境，所以我的语气才这么冲。我知道这也不是我失礼的借口，但是我想解释一下这些都不是针对你个人的。我对每个人都发脾气——我的员工、家人，上周我甚至冲着一位客户吼叫。"

"发生了什么事情？"

"就是我刚说的，我太缺人手了。我睡不着觉，我要么在工作，要么在担心我的工作。人才问题确实太折磨人了，我非常害怕。"

"你有什么计划呢？"布莱克问。

"我没有计划。我只知道有些事情需要改变，不然我就完蛋了。我考虑过你刚才的建议——提高底薪来解决人手问题。但是那样只会突破底线，并且员工的表现会更差。我想听听你所了解的情况。我可以打电话给你吗？或许我可以拜访一下你？我是做酒店生意的，我觉得我们之间没有利益冲突，你觉得呢？"

"没有任何冲突。一旦有能够分享的研究成果，我会通知你的。"

找工作

周一下午，克林特和他的朋友们在镇上找工作。他们还不知道自己会遭遇怎样不同的经历。

奥利维娅对她到的第一个地方感到非常激动，这是当地一家服装店——她一直对时尚充满激情。当她进店时，柜台后的女人没有抬头看她，显然其全部注意力都集中在手机视频上。奥利维娅在店里逛了几分钟，终于向一位店员走去，询问店里是否有经理在上班。年轻的女店员指向正在看视频的女人。

"打扰她合适吗？"奥利维娅问。

"你要买衣服吗？"

"不买衣服，我想找工作。"

"你为什么要到我们这儿找工作？"店员倒吸了一口气，"走吧！快走吧，姑娘。你不会想在这种地方工作的。"

"为什么不可以呢？"

"没有尊重，没有感激，总是大喊大叫……我在这儿工作了

3个月，她还在喊我姑娘，我发誓她不知道我的名字叫什么。"

"那你为什么还要留在这儿呢？"

"因为我在这儿买衣服可以打五折。"她咧嘴笑道。

"好吧，谢谢你的提醒。"奥利维娅说完就静静地离开了这家店，她深信那位经理并不知道自己进来过。

◐　　◐　　◐

亚历克斯喜欢咖啡，所以当克林特建议大家找工作的时候，他就坚信自己应该去咖啡店。当他走进咖啡店并询问店员是否在招聘时，他得到的回答是"我们一直在招聘优秀员工"。店员鼓励他上网填写了工作申请。

"在你走之前我想为你做两件事。"年轻的店员说。

"什么？"

"我给你做一杯免费咖啡，然后把你介绍给经理。"

"好啊，谢谢你。"

在亚历克斯等待咖啡端上来时，一位女性走过来进行自我介绍。"嗨，我是劳拉。布拉德告诉我你想在这里找一份工作。"

"可能吧，我现在还在到处看。"

"要是你有什么问题的话可以联系我，这是我的名片。要是你有时间的话，我今天想问你一个问题。"

"当然可以。"亚历克斯说。

"你为什么要找工作呢？"

亚历克斯告诉劳拉关于阿玛拉之死以及他们的买井计划，劳拉显然对此很感兴趣。

"感谢你考虑到我们这儿来找暑期工作。要是你最终选择来这里，我会告诉你我们对世界的影响力有多大。我想你会喜欢这个故事。"

"非常感谢。"

○　　○　　○

泰勒非常喜欢吃甜食，所以他选择烘焙店作为第一站。他询问烘焙店是否需要暑期兼职人员，经理回复道："当然，只要有人应聘我们就招。"

"你们能招人真是太好了。如果你不介意的话，我想问为什么只要有人应聘你们就招呢？你们的生意真的那么好吗？"

"当然不是，我们就是留不住人。所以我的方法就是雇用每个来应聘的人，过几天我们就知道这个人能不能留下。如果不是我们想要的——我会给他们每个人一盒免费的甜甜圈，除了被我抓到偷东西的店员。"

"那这里为什么留不住人呢？"

"我不清楚，可能是工作太难了，或者是我太粗鲁了，也有可能两者兼有。"他微笑道，"如果你想要在这里工作，不需要应聘。我开的时薪是每小时比最低工资高 1 美元。"

"谢谢你，我要考虑一下再做决定。"

"好吧，你竟然这么会谈判。我给你时薪比最低工资高两美元，而且店里所有的甜甜圈你都可以吃。"

这个店主这么急切地找人手，这让泰勒觉得有一丝不安，但是他又觉得可以吃所有的甜甜圈这个诱惑实在太大了。"谢谢，我会关注的。"

◉　◉　◉

克林特拜访了列表上几家餐厅中的第一家。这家餐厅规模很大，适合家庭聚会，但没有包间。他去的时候正值下午，所以整个餐厅空无一人。

他看到的几个员工都非常忙碌。在门口站了几分钟之后，他走到后厨，这时才有人注意到他。

"你是来吃饭还是喝啤酒？"一位年轻的女服务员问。

"我来是想找一份暑期工作。"

"吉姆，有小孩来找工作。"女服务员扯着嗓子喊道，"他马上就来，要喝杯啤酒吗？"

"不，不需要了。"

"我就问问。"她笑着转身离开了。

不一会儿，一个身材魁梧，身着黑汗衫和头戴牛仔帽的男人出现了。他看了看克林特，一言不发。

"你好，请问你就是吉姆吗？"克林特问。

"我就是，你想要干什么呢？"他看起来很气愤，这让克林特觉得无所适从。

"没什么，先生，我只想知道应聘暑期工是跟你咨询吗？"

"那就找我。"男人回答得很干脆。"安排是这样的：每周工作 60 个小时，不用加班，最低工资标准。每天提供一顿伙食，开工的时候免费提供一杯啤酒，收工的时候还有一杯免费啤酒。你什么时候可以开始工作？"

"感谢你提供工作，我要考虑一下。"克林特礼貌地说。

"考虑！"他轻笑着喊道，"你在这儿没有选择，要么工作要么离开。"

"信息我都已经了解了，谢谢你。"

在克林特转身准备离开时，吉姆说："很高兴见到你——欢迎你来工作，随时都可以开始。拿件围裙直接进来，不需要做任何背景调查。"

私人会议时间

私人会议时间

团队一致同意在周六碰面来处理已经了解的信息，讨论他们的选择。

朋友们到了，克林特感到很沮丧。虽然他知道自己还可以到其他地方找工作，但拜访的第一个地方就让他失去了信心。

4个人刚坐定，克林特就说："希望你们的运气比我好。"

团队中的每个成员都分享了他们各自的求职经历。亚历克斯发现，他们都会谈到领导水平欠缺和工作参与度不够的问题。

"听起来好像有很多糟糕的工作。"克林特说。

"我同意，但是我们不一定要做这些工作。"奥利维娅说。

"我们可以选择吗？"泰勒问。

"是的，我们可以在符合我们要求的地方工作。"奥利维娅说。

"听起来不错，那我们的要求是什么呢？"亚历克斯问。

"我不太清楚，但是我们聪明、有才能，充满活力并且可以随时上岗。我们应该能找到可以满足我们要求的雇主。"奥利维娅坚持。

"我又要问这个问题了：我们到底想要什么？"亚历克斯说。

"我们想要买一口井。"泰勒说。

"是的，泰勒，但是我们要的远不止这些。"克林特建议道。

"我们还要什么？"泰勒显得有些困惑。

"是的，我们要的不止这些。"奥利维娅补充道。

"举个例子。"亚历克斯说。

"好的。"奥利维娅沉默了一会儿，脸上带着坚定的神情。"我不想为糟糕的老板工作。我听我爸爸说过，给差劲的老板工作很难。他说尽管自己工作很努力，但是领导者不仅是他职业的上限，而且限制了整个公司的发展。这对个人、对领导者和整个公司而言都很不幸。"她又停顿了一下，"我想要一个更好的老板。"

"我也是！"克林特说，"起码要比我目前为止遇到的老板都要好。"

◦　◦　◦

那天的晚饭时间，克林特和他的家人分享了他的感受。

"太神奇了，我们只是拜访了列表上的部分组织的领导，但是这些人对待招聘的随意态度已经让我们震惊了。"

"我认为他们没有意识到我们也有决定权。我们今天讨论了我们想要什么样的工作，奥利维娅称之为我们的需求，我不想用这么大的词，我称之为我们的期待。"

"很有意思。"布莱克说，马上又想到自己在人才争夺战中面临的挑战。

"克林特，你的期待是什么？"

"我们正在寻找这个问题的答案。目前，我知道的是找一个比我们迄今碰到的老板更好的老板。一旦我们知道自己的需求，我就会告诉你的。"

淘　金

查尔斯和布莱克每周碰面讨论他们的人才危机。布莱克根据自己的经验总结出：专注的领导力可以产生影响力。而且，这是他的公司面临的最紧迫的问题，他还能将时间投到哪儿呢？

"早上好，"布莱克说，"有什么进展或者高见吗？"

"我一直在考虑怎样尽快推进这项工作。我们都信奉标杆，我认为我们应该拜访一些因为拥有杰出人才而闻名的公司。如果我们能够发现一些帮助它们吸引优秀人才的策略，我们的进展就能加速。"

"我支持你。你负责找到这些企业，然后我们一起去拜访。"布莱克说。

◦　　◦　　◦

经过一番调查，查尔斯的团队确实发现了几家因拥有优秀人才而闻名的组织。他们联系的几家组织均同意接受拜访。

布莱克和查尔斯安排的第一次会议是拜访克莱尔·弗里蒙特。她是一家中型企业的人力主管，这家公司以优越的小时劳动力而闻名。

专注的领导力可以产生影响力。

"克莱尔，感谢你同意和我们会面。我对你们公司早有耳闻。"查尔斯说。

"我也听说过你们，我们通常不会接受其他公司的访客。但是你们所做的对建立高效能组织有很大帮助，所以接待你们对我们的益处可能大于你们的收获。"

"谢谢，我们已经意识到，在我们生活的复杂世界中，游戏规则在变化，我们也想因势而动。"布莱克说。

"我对你们的方法有好多疑问，但我想让你们先说说你们想讨论的人才问题。"克莱尔说。

"是的。尽管我们在过去几年取得了巨大的进步，但是人才——具体说是找到足够的优秀人才，对我们来说仍是一项巨大的挑战。"

"欢迎加入我们。"克莱尔笑道。

"我们想知道你们是如何吸引了这么多优秀员工的。我见过他们其中的几个，他们的表现超乎寻常。"

"你过奖了，事实并不像你说的那样。"

"你指的是哪方面？"

"我们吸引的优秀人才其实并不多。"

"没有吗？你是在骗我吧！"

"我们可能让你们有一些误解。我希望当我告诉你们关于人才的事实后，你们不会马上起身离开。你们准备好了吗？"

查尔斯有些犹豫地说："我想不至于吧！"

"让我们回到问题本身，并且确认两件事：第一，我们确实有一些优秀人才；第二，我们吸引的优秀人才并不比其他任何公司多。"

"这就是我困惑的地方。所以，你们是怎么做的？"

"我把这个过程叫作淘金。"

"淘金？"

"是的，这就是我们的策略。我们从拓荒时代淘金者的经验中受到启发。淘金者首先需要筛选大量的岩石和瓦砾，当他发现有看起来像金子的东西时，就会将泥土洗掉来查看下面是否有金子。如果不是金子，他就将石头扔到一边，继续寻找。"

"好吧，说说看这个过程是怎么转变成你们的人才策略的。"

"我们雇用所有我们发现的人才，我们招聘的时候很少设定标准和要求。我们每天都在招聘，然而我们解聘也很迅速。"

"有多快？"布莱克问。

"有的时候甚至在员工工作第一天——通常是在其工作第一周的最后几天就解聘了他们。我知道这听起来很残酷，但是基本上一周内我们就能确定招聘的这个人是否符合这个岗位的要求。"

"这就是你们的人才策略？"查尔斯觉得难以置信。

"基本上是这样，我们很少对员工进行领导力培养，但我们真正是在淘金。我们更倾向于找到那些不需要我们的帮助就能成为领导者的员工。"

"这得让我们好好思考一下。"

事实上，布莱克和查尔斯都知道，他们对于克莱尔的人才策略已经没有任何疑问了。他们不相信淘金策略能够让他们的公司实现可持续发展。

不仅仅是工作

奥利维娅想再去服装零售店试一下运气。今天她来到主街上一家漂亮的维多利亚式房屋的精品店。她刚到店里，一位30岁出头的时髦女士马上上前招呼她。

"你好，我是奥利维娅。我可以找负责人谈一下暑期兼职的事情吗？"

"那就直接找我吧。我是玛丽莎，商店经理。"

"你们正在招聘吗？"

"可能吧！"玛丽莎苦笑道。

"这个回答有点儿意思。"奥利维娅说。

"事实上，我们是在招聘，但我们只想招合适的人，而不想招那些等着被招聘的人。"

"招聘的程序是什么？"

"首先需要应聘，然后参加两三次面试。"

"我需要通过你的面试吗？"

"可能吧。"玛丽莎大笑道，"我不是想保密，但是你要顺利通过前两次面试才能到我面试的这关。"

"好的，我明白了。"

"现在你还有其他问题要问我吗？"玛丽莎问。

"有一些，你现在有时间吗？"

"有的，我让其他人来替换我一下。"

不到 10 分钟的时间里，奥利维娅掌握了采取下一步行动所需要的信息。

"感谢你抽出时间来接待我。我会完成网上申请的，希望明天在第 3 场面试中见到你。"奥利维娅说。

◦　◦　◦

泰勒去了一家列表上的建筑公司。他知道建筑公司的工作会很辛苦，但是他喜欢建造东西。他见到的是建筑公司老板的儿子达里尔·查茨沃斯。

"你好，我是泰勒，感谢您没有预约就同意与我见面。我正在找暑期工作。"

"没有预约不是问题，蒂米。我们一直在找助手，我们的生意实在太好了。"

"我叫泰勒。能跟我说说具体工作是什么吗？"

"不好意思。当然，你要做一个助手。"

"助手的工作职责是什么？"

"助手就是要帮忙。"达里尔板着脸说。

"就是这些吗？"

"概括一下就是这样，托比。"

泰勒决定这次不再纠正达里尔了。

"那我应该向谁汇报工作呢？谁是我的上级呢？"

"这很难说。"

"为什么？"

"你的工作就是帮助整个团队——电工、水管工、木匠和石匠等。他们都是你的上司，或者说上司们可能更加准确。"

"这听起来像是一项很大的工作。"

"确实是。还有其他问题吗？"

"还有一个问题，你为什么喜欢建筑行业？"

"这很简单，特雷弗。我不喜欢和人打交道——年轻人、老人、富人和穷人，我甚至都不太关心我的家人，这就是我喜欢建筑的原因。我与水泥、木头和工具等相处得很好，我很喜欢工具。谢谢你的提问，托马斯。你想得到这份工作吗？"

"如果我决定来的话，我会填好申请表的。"

泰勒结束了这场会面，他强烈地感觉到："对比之下，烘焙店的老板看起来更像一个好老板。"

·　·　·

亚历克斯对第一次会面印象深刻，他回到咖啡店，再一次和劳拉进行了富有成效的交谈。

"感谢你抽出时间来，我还有一个问题。"

"尽管问吧。"

"在这里工作对我的未来有什么帮助？"

"你的意思是？我以为你只是想找一份暑期临时工作。"

"确实是，但是我想做一个明智的决定。你认为我在这里工作能够学到什么？"

在这里工作对我的未来有什么帮助？

"这是一个很深刻的问题。坦白说，我可以编造一些答案，但你把我问住了。我的重心是如何经营企业，我并没有关注你的未来。"

"没关系。我没有指责的意思，我只是想知道我将要从事什么样的工作。"

◦　◦　◦

克林特第二次去的是一家宠物美容店。他一直很喜欢动物并认为将来也许自己会从事兽医职业。他直接打电话预约了和美容店老板萨曼莎·戴维斯的会面。

"下午好。"萨曼莎说，"感谢你到店里来，你说你想找一份暑期工作？"

"是的，我正在考虑。"

"不要再犹豫了，这就是你想找的工作。"

"为什么这么说呢？"

"我等会儿会把钥匙给你。"

"你要把钥匙给我？"

"是的，放假之后的第一个周一你就可以来上班了。"

"把钥匙给我是什么意思？"

"我的意思是你可以接管这里的工作了。想想你能学到多少东西。"

"负责所有的事情？"克林特倒吸了一口气。

"是的，当然，包括招聘、解雇、安排行程、盘货、宠物美容和顾客投诉——当然这些事情并不一定会发生。把这里想成 MBA（工商管理硕士）速成班就行了。"

"好吧，我很感激你对我的信任，但是我对宠物美容真的一无所知。"

"这些就是猫猫狗狗而已，能出什么差错呢？你会弄明白的，你觉得呢？"

"我要是决定好了的话，我会给你打电话的。"克林特想尽快离开这个地方。

◦　◦　◦

团队成员又在克林特的房子里碰面了。

"好吧，有什么高见吗？"奥利维娅问。

"我不知道你说的高见指的是什么，但我有了一个新的想法。"亚历克斯说。

"什么想法？"

"我觉得我想要得到更多。"

"更多什么？"泰勒问。

"我不知道自己确切想要什么。我第二次和咖啡店的劳拉交流时，我问她我的未来。"

"你真的问了吗？"

"是的，我不确定为什么，但是我觉得这点与我的选择有关。"

"你的想法是什么？"克林特问。

"如果我的暑期工作可以在接下来的几年内对我有帮助呢？"

"有这种可能吗？"泰勒有些无法理解，"再解释清楚一点儿。"

"现在我的想法还没有完全成形。"亚历克斯说，"但是不管我在暑期做什么，我都想要这份工作能够产生长期价值——我想要这份工作有意义。"

"有意义是什么意思呢？"泰勒问。

"我举个例子：这些年奥利维娅一直在说预计自己将来会在时尚行业工作，所以她要在服装店工作就再合理不过了。"

"我明白了。这就是为什么我会去宠物美容店——我一直想成为兽医。"克林特说。

"是的，"泰勒开始明白了，"但是如果我不知道自己将来想做什么呢？我想很多人都没有这个概念——特别是年轻人。"

"我觉得我们谈论的仍然有用。"克林特说。

"有什么用？"泰勒问。

"大体是找到一个我们能够学习和成长的地方，说不定我们在那里能学到一辈子受用的技能。"

"你说的一辈子受用的技能指的是什么？"奥利维娅问。

克林特回答："我不知道……可能是一些跟人相关的事情——如何更好地沟通或者解决问题的技巧。无论你将来的职业如何发展，这些都会有用。"

"你还有其他要求吗？"亚历克斯微笑地看着奥利维娅。

"可能，我们应该怎么表述呢？"

"一个让人成长的地方？"亚历克斯说。

"一个学习的机会？"奥利维娅建议。

"我并不是真的想学习和成长，"泰勒说，"但是我很想在未来取得成功。"

"更光明的未来怎么样？"亚历克斯问。

"我喜欢！"奥利维娅说。

"我们看看能不能找到一个有更好的老板且能为更光明的未来做好准备的地方。"克林特说。

"那太棒了！"亚历克斯说。

"我们正在做一个列表，还有其他的吗？"奥利维娅问。

"可能有……"克林特有些犹豫。

"什么？"奥利维娅问。

"我要的不仅是一份工作，"克林特说，"我想朝着更加宏大的目标努力。"

"去一家更大的公司？"

"不，公司的大小无关紧要。"克林特说。

"要是你不能解释清楚，'更宏大的目标'就不能被加到列表里。"奥利维娅说。

"我知道，我会继续思考的。"克林特说。

未经雕琢的钻石

尽管第一次拜访的帮助不大，但布莱克和查尔斯还是决定再试一次。这次他们将要拜访一家因为吸引优秀人才而出名的小公司。

"早上好！"布莱克笑容满面，"我是布莱克·布朗，这是查尔斯·琼斯。感谢你们同意接待我们。"

"这是我们的荣幸。"年轻人说，他介绍自己叫马特奥。"我在谷歌上搜索了你们，发现你们是大人物啊，你们的公司经营得非常成功。"

"互联网上查到的信息并不是完全可信的。"查尔斯说。

"我相信这些都是真的。"马特奥顽皮地笑道。

"不过有一点你是正确的：我们非常幸运，公司经营良好，我们的销售额、利润和客户满意度等数据都在攀升——起码目前如此。"布莱克补充道。

"为什么说'目前是这样的'？"

"这就是我们此次拜访你们公司和其他公司的原因。我们在努力寻找足够优秀的人才来实现公司发展计划。如果不能解决这个问题，我将无法保证公司能够健康发展。"

"所以，就像我刚刚说的，我们之所以来这里是想向你们学习——你们是怎么吸引优秀人才的？"

"我们并没有。"

"不会吧，"布莱克低声说，"怎么又是这样。"

"我们不去吸引优秀人才。"马特奥说。

"但是我今天早上碰到的员工全然不像你说的——通过初步交流，我们发现他们就是公司的明星员工。"查尔斯说。

"谢谢夸奖，但是我想重申一下：我们不去吸引优秀人才。"

"那你的优秀团队该怎么解释呢？"查尔斯问。

"我可以让他们变得优秀。"

"真的吗？用什么方法？"布莱克问。

"我称之为'未经雕琢的钻石'。"

"我们想对此做进一步了解。"查尔斯说。

"你们肯定知道没有经过雕琢的钻石当然也有一些价值，但是钻石只有经过切割和打磨之后其价值才会猛涨。我只是选择那些我可以切割和打磨的人才，然后让他们发出耀眼的光芒。就像我说的，我可以让他们变得优秀。"

"你说的没错，但如果你发现这块石头只是普通的煤块呢？"

"你知道，每块钻石最初都是这个样子的。打磨需要的只是时间和压力，这两者我都可以提供。"马特奥笑道。

"你们公司还有其他领导者也是优秀的'钻石切割师'吗？"

"没有，做到这点非常难。因为我喜欢并且擅长这项工作，这已经成为我在这里的首要任务了。"

"你指的是扮演导师的角色吗？"

"可以这么说，但是更确切地说，是指导'极限训练'的角色。"

"提供时间和压力？"查尔斯笑道。

"说对了，对此我从不松懈。"

◎　　◎　　◎

在回程的飞机上，布莱克迫不及待地和查尔斯交换意见。

"两次拜访，两个意外的发现。"布莱克说。

"确实是。"查尔斯表示认同，"不好意思，我们又白跑了一趟。"

"我认为你的团队在筛选我们要拜访的公司时搞错了方向。"布莱克说。

"你认为是这样吗？"查尔斯问。

"是的。如果他们要寻找的是那些已拥有优秀人才的组织，那么这就是他们要找的结果。但是，我们在寻找不一样的东西——很相似，但事实上有差别。我们正在努力学习如何吸引优秀人才，而不是学习如何把他们变得优秀或者把不优秀的人剔除掉。结果可能是一样的，但是程序上却有着本质的区别。"

"我同意。"查尔斯说，"这就像冠军队——它们仍在培养优秀队员，但是最好的队伍总是要招募最优秀的队员。"

我们正在努力学习如何吸引优秀人才，而不是学习如何把他们变得优秀或者把不优秀的人剔除掉。

"正是这样！"布莱克说，"我也相信培养人才的说法，但我只是想一开始就尽可能地招到最优秀的人才。只有组织规模非常小，或者拥有很多像马特奥这样的领导者，钻石切割策略才能奏效。"

"至于淘金的说法，对于我们来说成本实在太高了。"

"我同意，从财务的角度来说成本确实很高，但是我认为更大的成本在于影响了员工的士气。企业文化很容易变成一种交易，或者更糟糕的是变得有害了。"

"所以，我们学到了什么？"

"我们知道了哪些方法不能去尝试——我更加想专注于打造人才磁铁了。"

突　破

孩子们聚在一起准备下一次会议。夏天越来越近了，克林特也变得越来越没有耐性了。他本来以为到现在每个人都应该找到工作了。

"好吧，大家进展得怎么样了？"克林特问。

"我觉得我快了。"奥利维娅说，"我已经做好了应聘的准备。"

"你呢，亚历克斯？"

"我也是，我喜欢咖啡。如果我再稍微对自己要求高一点儿，努力把工作做好的话，就能学到对自己将来有帮助的东西。我之前并没有专注于这方面。"

克林特转向他的老朋友问："泰勒？"

"你们听了千万别太激动。"泰勒说。

"你做了什么？"奥利维娅用女老师的语调调侃道。

"我找到工作了！"泰勒说。

"恭喜！"克林特说。

"让我们拭目以待吧！"泰勒说。

"你要去哪里工作？"亚历克斯问。

"烘焙店。"

"真的吗？那个家伙跟你说过他是个粗鲁的人。"

"我知道啊，但我喜欢吃甜甜圈，而且这只是个暑期临时工作，他开的工资比最低工资高两美元。"泰勒激动地辩解，声调都变了。

"我明白他是怎么搞定你的了，"克林特大笑道，"好了，很好，解决一个了，还有3个。"

"我准备星期一去应聘。"奥利维娅说。

"我也是，"亚历克斯说，"克林特，你准备做什么？"

"我要继续找，那家宠物美容店太糟糕了。顺便提一句，千万不要带你们的宠物去那家店。"

◦　◦　◦

克林特决定在参加下次面试之前先打个电话，在电话里他被告知星期一下午有一个集体面试。他原本想找人倾诉一下，但是转念一想：他们到底想搞什么名堂？

星期一，一位二十几岁且活力四射的小伙子跟他打招呼："下午好！"

"你好，我是克林特，我是来这儿参加集体面试的。"

"很高兴见到你。请坐，我们等会儿就开始。"

克林特和其他 10 个人一起等到老板走出来做自我介绍。"我是朱莉，很高兴你们今天来参加面试。我们有一个程序可以帮助你们决定这家公司是否适合你们的发展，我们想要一个互赢的雇佣关系。我知道你们中的大部分人不会将这里的工作作为长期职业，我对这种想法没有意见。我们的目标就是帮助你们学习终身受益的技能。"

克林特暗自对比自己的要求，短短的 15 秒自己就得到了关于老板和未来的答案。那接下来是什么？

我们的目标就是帮助你们学习终身受益的技能。

朱莉继续说："在这个过程中，我不会指引你们，我们有优秀的负责人来做这项工作。要是一切顺利的话，我们会在最终面试中再次见面。"

面试者被分成了几个小组。在进行自我介绍之后，每个面试者都会被要求分享他们认为最理想的工作，以及回答一些关于之前工作经历的问题。最后的问题是：为什么这份工作对你来说很重要？

在面试的最后阶段，一位面试官站起来说："感谢你们今天来到这里，感谢你们投入时间来帮助我们更多地了解你们。我们承诺：你们中的每个人在 24 小时内都会接到电话，被告知下一步流程。祝你们好运。感谢你们来参加面试。"

克林特正准备离开，朱莉却在停车场叫住了他。"克林特，你现在方便吗？"

"当然。"

"刚才面试官跟你们说会电话通知下一步的流程，但我现在就想问你今天有空再参加一轮面试吗？"

"当然可以，谁要面试我呢？"

"我。"

"真的吗？"

"是的，我是所有应聘者的最终面试官。"

"这听起来很有挑战性，您公司有上百号员工吧。"

"是的，但是我觉得把时间花在这件事上比花在其他任何事情上都值得。当然，我的团队也给了我很多帮助。但我知道，如果我们把人事工作处理好了，其他所有事情都会变得简单。

如果你有时间，我们可以找个地方聊一聊。"

如果我们把人事工作处理好了，其他所有事情都会变得简单。

朱莉分享了自己对生意、社区和员工的看法，克林特兴趣盎然。她还谈论了核心价值和激励要素，这次谈话持续了将近一个小时。

最后朱莉问："你有什么问题要问我吗？"

"有好几个问题，第一个是你为什么决定把这些事情告诉我？"

"你指的是什么？"

"我觉得你不会跟所有人都分享这些理念，你为什么选择我呢？"

"你错了，我确实会跟每个人讲我们的理念，因为我觉得这很重要。如果你要在这里工作，我分享的这些理念也需要被你接纳；如果你要在这里工作，我们必须站在同一边，朝着共同的方向努力。"

"有很多信息要消化，但这听起来很棒。你有时间再回答几个问题吗？"

"当然。"

克林特继续提问。他想知道：自己的工作安排，休息时间是否自由，工作内容是什么，在和朱莉以及她的团队一起工作的过程中如何成长以及最后关于底薪的问题。在朱莉都一一作答后，克林特说："太好了，那下一步我要做什么呢？"

"如果你想要这份工作的话，10天后要接受入职培训。"

"我已经得到这份工作了吗？"

"如果你想要到这里工作的话。"

"我可以早一点儿开始，学校课程周三就结束了。"

"谢谢你主动提出来，但其实你没有必要这么做，我们这里的员工都要接受入职培训才能上班。我跟你说的只是我们理念的核心部分，在服务客户前你要更深入地了解公司。"

"我愿意接受这份工作。"克林特说。

"对了，还有一件事情。"看到克林特正准备离开，朱莉说。

"什么事？"

"西尔维娅——组织群面的面试官，她把你买井的计划告诉我了，我很愿意帮忙。"

　　"真的吗？"

　　"是的，我们一直在想办法回馈社会。我要捐 500 美元。"

　　"真的吗？"

　　"当然。在过去 10 年里，我们参与了十几个这样的项目。能够与你合作是一种荣幸。"

　　"你不是在开玩笑吧？"

　　"当然不是。入职培训的时候我会准备一张支票给你。"

冒险的工作

奥利维娅工作的第一天波澜不惊，她对这里的工作节奏——或者说完全没有工作节奏感到惊讶。一天中唯一让她激动的是，玛丽莎让她加班做一个"小项目"。

"你要做的就是收货，然后把它们放起来。货车差不多下午6点左右到。"

"我把货放在哪里？"

"阁楼的储藏室。不需要归类，你把相似的货物放在一起就行。这不会占用你很长时间的。"

奥利维娅想，即使加班也不错，要是我做得好，就可以给老板留个好印象。

尽管6点才关门，但玛丽莎5点45分就离开了。奥利维娅一个人被留在店里感觉很奇怪。当她关上前门准备打烊时，卡车司机开始按门铃。

当她打开门时，她发现司机已经卸载了4托盘的货物。

"你好，我是拉夫。你是新来的吗？"

"是的，我叫奥利维娅，今天第一天上班。"

"太抱歉了。"

"为什么抱歉呢？"

"抱歉你上班第一天就要做这些。"

"没关系，没准我会得到表扬呢！"

"在这儿签个字。"拉夫边说边递给她一个夹纸板。

"好的，我需要先验货吗？"

"验货是什么意思？"

"老板让我签收货物，我觉得可能是要查验一下我收到的东西。"

"你知道你们订购了什么东西吗？"

"我不知道，确实不知道。"

"那你怎么验呢？"

"那我直接签收吧！"

"很好。"

她拿过货单，在上面签上了名字，内心暗暗祈祷这样不会导致她在工作第一天就被辞退。"现在，我们怎么把这些箱子搬到阁楼上去呢？"

"我们？"拉夫说，"我马上要出发去下一站了。这是你要解决的事情，所以我才说抱歉。"

"好吧！"奥利维娅觉得非常难过。她知道这个"小项目"要耗费几个小时的时间。当拉夫开车走的时候，她给妈妈发了一条短信：

> 好消息！我上班第一天就要加班了，拿加班工
> 资应该不错。

她把手机塞到口袋里，开始把箱子一个一个搬上阁楼，在这中间她要爬 3 段楼梯。她没想到接下来自己会看到这一幕。

阁楼的门嘎吱一声打开了，里面一片漆黑且阴暗潮湿。由于楼顶很高，阁楼的高度相当于一层半楼。玛丽莎说阁楼里没有秩序，那真是过奖了，这个地方完全是乱七八糟。

在看清楚情况后，奥利维娅觉得自己需要先把东西整理一下，再决定这些杂七杂八的东西应该放在哪里。在阁楼的角落里她发现了梯子，她从未见过这么高的梯子，看起来和这间房子一样古老且沉重。奥利维娅甚至才知道还有梯子是木头做的。

她把梯子拖到合适的位置，开始往上爬。当她爬到离地

面 8 英尺（约 2.44 米）的时候，她突然听到嘎吱一声巨响，她感觉自己正在迅速摔向地面。顷刻之间，奥利维娅就躺在地上失去了意识。

吸取教训

当奥利维娅苏醒过来的时候，她已经躺在医院的病床上了。她的父母都在身旁。

"你摔得可不轻。"她的爸爸说。

"我没事吧？"

"是的。"她的妈妈有些犹豫。

"发生什么了？"奥利维娅追问道，她还没意识到自己的右手臂上夹着夹板。

"你没事的。我们很庆幸你只是摔断了一只胳膊。"

奥利维娅向下看，受到惊吓似的大叫起来："我的手臂摔断了！"

"是的，你摔下来的时候肯定是想抓住自己，但你离地面太远了。"

"你们怎么知道的？"

"我们一开始不知道。晚上9点钟，你还没回家，我们就给你打电话，但没人接听。我们不知道你老板的名字和联系方式，所以你爸爸就开车去了店里。到店后他发现后门开着，货物散放在门槛上。"妈妈解释说。

"我必须要跟你讲，"爸爸强忍住泪水，"我这辈子都没这么害怕过。我从后面的楼梯爬上去，叫着你的名字，却发现你躺在那儿……"他开始抽泣，"我以为你已经死了。"

"爸爸打了911，于是你就被送到医院了。"

"后来呢？"

"医生要求你再留院观察一两天。"

"你打电话给我的老板了吗？"奥利维娅问。

"没有，我今天晚一点儿要去见她，在提出辞职之前我有一些话想跟她说。"爸爸说。

"我猜这应该是最短的一次暑期工了。"奥利维娅说。

　　　　　　　○　　○　　○

孩子们再一次聚在克林特的房子里，克林特很激动所有人都找到工作了——除了奥利维娅，她不得不退出了。每个人都拥抱了她。

"我们很高兴你没出大事。"亚历克斯说，其他人也点头表示同意。接下来，似乎大家都不知道该说什么了。

"好了，"克林特打破了沉默，"你们的工作进展得怎么样？"

"我辞职了。"泰勒说。

"什么？"亚历克斯问，"你才刚刚开始啊！"

"我知道啊，我的父亲总说如果一件事好得不真实，那它很可能就是假的。在我的老板承诺提供甜甜圈和高于最低工资两美元的薪酬时，我就应该知道这中间有问题。"

"发生什么了？"奥利维娅问。

"你还记得店主跟我说他是个粗鲁的人吗？"

"对的，我本来不想再提这件事的。"克林特微笑着说。

"好吧，你懂的。事实证明，他喝酒的时候更加粗鲁。他直接在厨房里摔东西，这太疯狂了。"

"好吧。奥利维娅的爸爸要求她辞职，你主动辞职了。那你呢，亚历克斯？"

"我没事。只是我需要倒好几趟班，但我觉得应该问题不大。"

"泰勒，我对你有个建议。"克林特主动提道，"我不想太早说，但是我觉得我找到了完美的工作。"

"跟我们说说你这个完美的工作。"奥利维娅有些怀疑。

克林特跟他们讲了自己参加的群面以及和朱莉的谈话。

"这听起来太棒了！"泰勒说，"明天我为什么不去面试呢！"

"这有点儿像你之前说的太美好以至于不太真实的情况。要是这是个圈套的话，我不想你跟我一起去，但是我觉得这像是真的。"

"你为什么这么说呢？"亚历克斯问。

"朱莉听说了我们的买井计划，她承诺要捐 500 美元。"

"别开玩笑了！"亚历克斯说，"一个你刚认识的女人朱莉，说要给你一张 500 美元的支票，这怎么可能呢！"

"她说在入职培训的时候我就可以拿到。"克林特说。

"我们等着瞧！"泰勒嬉笑着说。

"还有一件事。"克林特说，"我跟朱莉的谈话让我意识到自己之前一直想表达的想法。朱莉在创造的东西正是我想参与的——尽管只能在暑假期间。"

"那是什么呢？"亚历克斯问。

"更宏大的愿景。"

"就是这个！我们接下来在列表上一定要记上这一点。"奥利维娅坚持说。

"等会儿，慢一点儿。"泰勒又有些困惑。"我觉得我现在可以理解"更好的老板"，尽管我只有过一位老板——仅持续了两个小时。当我们提到更光明的未来的时候，我可以想象到很多美好的事情。但是当你说到更宏大的愿景时，我就难以理解了。"

"我明白了，"奥利维娅说，"让我试着解释一下。"她转过头来对着泰勒。

"我尽量解释得简单一些。我同意克林特的说法——我不只想要一份工作，我认为我们中的任何一个人都不只想要一分工作。"

"是吗？"泰勒问。

"当然，我们想产生影响力。"奥利维娅说。

亚历克斯突然插进话来："我不知道你们有什么想法，但我希望自己工作的公司也能有影响力。"

"你提到的这一点，也正是吸引我到咖啡店工作的原因。我不知道该怎么描述，但是我认为它们想把世界变得更好，这个想法很有趣。"亚历克斯说。

"我也觉得这点听起来很不错。"泰勒说，"我之前从来没有这样想过。"

亚历克斯看向克林特说："所以，继续说说这个所谓的'完美工作'。"

"朱莉当然也想要赚钱，但是她也有更宏大的愿景，所以她才愿意赞助我们的买井计划。"克林特说。

"那接下来呢？"奥利维娅问。

"泰勒，如果我猜测的这些都是真的，我会替你美言几句，但我要先考察一下情况。"

"你也可以替我美言几句。"奥利维娅说，"我认为我爸爸不会一直不让我出来工作的，他说发现我的时候以为我已经死了。"她停顿了一下，"所以接下来几周我不会再要求他同意我出来工作了。"

"在我们踏入现实世界之前，大家还有其他的想法吗？"克林特面带笑容地问。

"我一直在考虑我们的需求，我们的列表上缺了点儿东西。"奥利维娅说。

"我们遗漏了什么吗？"

"我觉得我们要加上一些基本的要素。"

"什么意思？"泰勒问。

"每份工作应该提供最基本的要素，"奥利维娅说，"像安全的工作场所。"

没有人会反驳她。

"还有其他你们认为是基本要素的吗？"

"合理的薪酬，基本的培训。"亚历克斯说，"要像人类一样被对待。"

"不要被一个醉汉扔东西。"泰勒补充道。

"有人以为我们在找工作的时候没有考虑这些，但是事实上我们都会考虑。"奥利维娅说。

答 案

　　"早上好！"查尔斯跟再次参加会议的团队成员打招呼。
"布莱克，很高兴你今天加入我们的讨论。我们也很高兴和你
分享上个月的工作成果，以回答这个问题：吸引和留住优秀人
才的要素与吸引和留住一般人才的要素有差别吗？简单来说，
两者是有差别的。但是我在公布答案之前，想迅速概括一下我
们的研究方法。"

　　"尽量快一点儿。"布莱克勉强挤出一丝笑容说。

　　"好的。我们做了定量和定性的研究——我们的内部员工
组成焦点小组，并对世界各地的员工进行问卷调查。这够快
了吗？"

　　"你变得越来越优秀了。"布莱克会心地一笑。

　　"结论是吸引和留住优秀人才的要素与吸引和留住一般人
才的要素是有差别的。"

　　查尔斯走向白板，在上面写道：

吸引要素	
优秀人才	一般人才
基本要素	基本要素

"首先，在这两栏里，我们列出了基本要素。"查尔斯说。

"打住，你刚说过两者的吸引要素是不一样的。"布莱克有点儿咄咄逼人。

"是存在差异，但是两者还有一些相通的要素。这些要素可以作为最基本的筹码，你只有提供这些要素才可能被这两组人考虑。"

"你要谈一下基本要素的内涵吗？"布莱克问。

"我们可以再谈一下这点。简而言之就是，合理的薪酬、充分的培训、有吸引力的岗位以及开展工作所必需的工具和资源。"

"好，你先完成整个表格，然后我们再谈。"

查尔斯继续填写图表，一边写一边将这些特性说出来。

吸引要素	
优秀人才	一般人才
基本要素	基本要素
文化	文化

（续表）

吸引要素	
品牌或信誉	品牌或信誉
领导力	
个人成长	
价值和使命	
社会影响力	

查尔斯写完之后，向后退了一步，看向白板。

"帮我解读一下。"布莱克要求说。

"它对我们解决问题的启示是多元化且大有希望的。"

"继续讲。"布莱克说。

"我先从这两栏的共性开始，也就是所有潜在员工都会关注的事情：这也是我刚刚提到的基础要素加上组织文化和企业的信誉（即品牌）。我想我们对这3点都没有疑义。"

"我也这么认为，"布莱克表示赞同，"但是我想和你再聊聊组织文化。它看起来像是这列表上最重要的因素。"

"文化非常重要——所以两栏里都有这一项。然而，这不是吸引优秀人才最重要的因素。如果你的企业文化不是积极、健康、包容和有活力的，那么你很难招聘到员工。同我们交谈过的人都认同你的观点——文化至关重要。"

"但是，让我们仔细研究一下那些只出现在优秀人才那一栏的因素。这些是最佳员工关注度最高的因素。"

"等一下。你是说一般人才不注重领导力和个人成长吗？"布莱克问。

"当然不是这样，"查尔斯开始解释，"在两栏里，我们列出了吸引每组人才的要素。领导力和个人成长不会吸引一般人才。他们可能会对此表示感激和一定程度的重视，但一般人才通常不会因为这两点而被某个组织吸引。"

"这是最关键的：当我们给那些优秀人才提供他们最注重的要素时，我们就大大提高了他们为我们公司效力的可能性。"

"而且，"查尔斯总结道，"我提到了我们在这些项目上的表现参差不齐。"

"对的，我正在等你谈到这一点。"布莱克说。

"你知道，我们最近在吸引并留住顶尖应聘者方面表现不力。"

"是的，我知道。"

当我们给那些优秀人才提供他们最注重的要素时，
我们就大大提高了他们为我们公司效力的可能性。

"问题就显示在这张图表上。"

"让我猜一猜：我们在吸引优秀人才的要素方面做得
不好？"

"正确。但我们也并非一无是处，问题是我们不同的部门
和团队的表现并不一致。"

"我们下一步要怎么做？"

"我们还要考虑另一个问题：留不住人才是一个亟待解决
的问题，为我们的人才管道输送更多员工则是另一大挑战。"

"然后呢？"布莱克说。

"我觉得堵塞我们人才管道的东西近在眼前。"查尔斯说。

"是什么呢？"布莱克问。

"我们应该更好地阐述我们的理念。"

"你指的是什么理念？"布莱克问。

"关于领导力、发展机遇、愿景和世界影响力的理念。我

们应该更有策略且目标更明确，让全世界都知道我们能为人才提供些什么。"查尔斯说，"回顾过去，我们从未关注过这一点。之前我们没有必要这么做——因为我们的人才供应一直都很充足。"

"理念阐述不清，大家就无法行动。"布莱克说。

"完全正确！"查尔斯说。

"我认为我们要弥补这些不足，这样我们才能更自信地阐述我们的理念。"

"是的。"

"我们有什么计划吗？"布莱克问。

"我们正在努力。下周应该可以跟你分享。"

"非常期待！"

　　　●　　　●　　　●

晚餐时的第一个话题就是克林特的入职培训。

"儿子，说说看你今天的工作。"布莱克说。

克林特讲述了整个培训的日程，告诉父母这个组织的愿景和使命，也分享了在接下来几个月里他能得到的发展机会。他还谈到了奖学金项目和免费的领导力培养资源，以及自己的同事——其中有 8 位跟他一起参加了入职培训。他又提到公司的价值观以及为客户服务的重要性。最后，他还说到自己刚入职的组织在社区和世界上的影响力。

"哦，我差点儿忘了，朱莉把她承诺的 500 美元已经给我了。"

布莱克觉得很震惊。他说，"克林特，你和你的朋友一直在试图定义你们对工作的要求。"

"是的，爸爸。"

"你们的要求是什么？"布莱克拿起一张纸巾，并拔出了钢笔。

克林特一边说，布莱克一边写：

吸引优秀人才的要素

更好的老板；

更光明的未来；

更宏大的愿景。

"儿子，你们真是天才！"

"不，爸爸，这只是我和朋友们想在工作中得到的东西。"

"不，意义远不止这些。"布莱克告诉克林特及其他家人查尔斯团队正在进行的研究。"我们正在寻找赢得人才争夺战的办法。我们试图找到吸引优秀人才——像你和你的朋友们这样的人才——的要素。"

"我们已经对这个问题研究了好几个月。你想知道我们的成果吗？"

布莱克又拿起纸中，加上第二栏：

吸引优秀人才的要素

更好的老板——领导力；

更光明的未来——个人成长；

更宏大的愿景——使命、价值观和社会影响力。

"亲爱的，我不想扫你的兴，"梅甘说，"但我更喜欢孩子们的表述。"

"我也是！"布莱克说。

"爸爸，还有一件事，"克林特说，"我们还探讨了要在列表上加一些东西。"

"让我猜一猜。"布莱克说。

"你觉得是什么？"克林特说。

"我觉得这些跟基本要素有关。"

"不会吧！你是怎么知道的？"克林特问。

"我们的团队中有很多聪明的人才在研究这个问题，我们一直在听取优秀人才的需求。他们的观点和你的一样：基本要素非常重要。然而，我认为仅仅拥有基本要素并不能带给我们竞争优势。"

"但是如果不提供基本要素，这些就会成为很大的劣势。"克林特补充道。

"是的，"布莱克说，"你们的基本要素列表里包括哪些？"

"在奥利维娅发生事故后，我们觉得需要一个安全的工作场所。"

"很合理，还有其他的吗？"

"我们还没有仔细考虑，但是大家提到有竞争力的工资。"

"也很合理。如果我们要吸引优秀人才，那么我们不能说'到我们这儿来工作吧，我们的工资低于市场价'。"

"是的，那太可笑了，"克林特大笑道，"你可能还得考虑基本的培训。但是除了这些基本要素外，我觉得致力于三大要素就能在吸引人才方面遥遥领先了。"

"你说得太保守了。如果能提供更好的老板、更光明的未来和更宏大的愿景，你就能成为真正的人才磁铁。"

"谢谢你，儿子，帮助我们表述了这些理念，这些理念可能在未来几年服务于我们的公司。"

下一步的行动

布莱克迫不及待地想和查尔斯分享克林特的见解。他不想等到下一次会议了，所以他给查尔斯发了一条短信："请今天来我的办公室一趟。"

"早上好，"查尔斯说，"有什么事？"

布莱克和查尔斯分享了他和克林特的整个谈话，他甚至把那张纸巾拿出来作为辅助。

"你认为怎么样？"布莱克问。

"很吸引人，也验证了我们的想法。"查尔斯说。

"你说很吸引人我能理解，尽管我可能会用其他词。而验证想法是什么意思？"

"我们一直在努力寻找是什么吸引了优秀人才。只要再过几年，克林特和他的朋友们就是我们想吸引的人才。他们聪明、口才好、有朝气且积极主动。奥利维娅和克林特正在竞争毕业典礼上的致辞机会，是吗？"

"是的，确实是。"布莱克说。

"他们就是优秀人才！所以我说'验证'了我们的想法。"查尔斯说。

"你说的没错，他们的经历验证了我们的想法。还有呢？"

"设想我们采用他们的语言表述：我们努力提供更好的老板、更光明的未来和更宏大的愿景。这将成为我们的员工政策或者说我们'承诺'的核心。"查尔斯提议道，"当然这个承诺还有其他要素。我们最近也讨论过一些——合理的工资，有竞争力的福利，有活力的文化等。但最关键的应该是这些吸引最优秀员工的要素。"

"我们要怎样做才能兑现承诺呢？"

"我们要做到两件事：第一，保证公司上下一致地执行这个理念，我们在这点上还要下功夫；第二，我们要认真且有策略地讲述好这个理念。"

"我可否把我们的人才承诺纳入新员工入职培训中去？"布莱克问。

"不，不行。"查尔斯回答道。

"为什么不呢？"

"如果我们已经知道了吸引优秀人才的要素，我们就要在人才被雇用之前就让他们知道这个理念。而放在入职培训中，则是白费唇舌，因为他们已经入职了！"

"我觉得我们还有一件事要做。"布莱克说。

"是什么？"查尔斯问。

"如果我们许诺给他们提供更好的老板、更光明的未来和更宏大的愿景，我们就要保证我们的负责人知道自己的角色。负责人是最终要兑现这些承诺的人，没有他们日常的努力工作，我们只是在说空话。你和你的团队能找出兑现这个诺言需要哪些关键的领导行为吗？"

"当然！我现在就去参加团队会议——我们马上就行动起来！"

○　　○　　○

查尔斯加入正在进行的团队会议。佩姬、吉姆、本、加里和罗斯都出席了会议。

"感谢你们先开始了，我刚才在布莱克的办公室里。"查尔斯说。

吉姆说："正好跟我们讲讲你们谈了什么。"

查尔斯告诉团队，克林特和他的朋友们描述了他们想从工作中得到什么，而这也验证了团队的研究。

本——团队中的资深成员，第一个发言："我很喜欢他们的视角，孩子们的语言比我们的语言更平实。但是我也有一个问题：高中生们得出了跟我们一样的结论，我们不觉得吃惊吗？我的意思是，我们是有着多年培训和教育经验的专家。这听起来……有些怪异。"

"我觉得很合理。"佩姬说。

"为什么呢？"查尔斯问。

"吸引优秀人才的要素不受年龄的限制。"

吸引优秀人才的要素不受年龄的限制。

"我们有数据支撑这个观点吗？"罗斯问。

"我觉得有。"佩姬说，"研究一下我们的数据，定量和定性的数据，优秀人才想要的在他们的职业生涯初期和中期的变化并不大。我们看到唯一的变化是在其职业生涯后期，他们对于个人成长的重视程度略微下降。除此之外，吸引优秀人才的要素是通用的。"

"甚至适用于高中生。"罗斯补充道。

"那我们现在该怎么做呢？"吉姆问。

"不管我们采用哪种表述，我们的首要任务都是兑现这个承诺。"罗斯说。

本说："我同意，说到就要做到。"

"我认为人才磁铁的想法肯定会帮助我们吸引更多优秀人才，但是这很可能会带来另外的影响。"查尔斯推测道。

"什么影响？"佩姬问。

"如果我们一以贯之地兑现承诺，我打赌员工会在公司待更长的时间。"查尔斯说。

"我在一些部门已经注意到了这个现象。"罗斯说。

"而且，不要忘了——要想这块'磁铁'发挥作用，人们必须了解我们正在做什么。"本说。

"我同意你们的说法，"查尔斯说，"但是还有一个难题。我们不仅要创造刚刚所说的文化，我们还要把这一文化传承下去。"

我们不仅要创造刚刚所说的文化，我们还要把这一文化传承下去。

"我们该怎么做呢？"罗斯问。

"布莱克和我已经聊过这个问题了。"查尔斯开始说，"我们要增加任务，我们必须保证负责人了解他们在兑现承诺方面发挥的作用。没有日常的领导力行动，我们最后只是在说空话。所以布莱克要求我们找出能够一以贯之兑现'承诺'的领导力行为或最佳做法。"

查尔斯走向白板写道：

我们的任务

· 一以贯之兑现"承诺"；

· 帮助公司更好地表述人才理念；

· 找出最佳领导力行为。

我们先从"更好的老板"开始。

更好的老板

"首先，我们应该试着从优秀人才的角度来看待这些问题。真正的问题不是我们如何定义这些东西，而是他们如何看待这些表述？"加里建议道。

"这个问题问得很好。"罗斯说。

"所以，让我们来确认一下，"吉姆建议，"我们这些信息针对的是哪些人才？"

"优秀人才或种子选手——不管怎么称呼，他们都必须是一直表现突出的那群人。这些员工，不论男女，在过去 3 年里均获得了最高表现评级，这点将被纳入我们的定量研究中。"查尔斯说。

"是的，我知道，"加里说，"但结果有些令人失望。"

"为什么呢？"罗斯问。

"我不符合要求。"他板着脸说。

"没关系，"查尔斯说，"我们的员工中有 90% 达不到标准。我们设定的标准很高。"

"这听起来和我们的想法是一致的，我们的目标一贯是针对取得高成就的人。"

"我可不喜欢你这种说法。"加里说。

"克服一下吧。"罗斯调侃道。

"那么这些取得高成就的人群想要什么呢？"

"更好的老板。"

"哪方面更好呢？"

"我认为要好于一般的老板。"

"我们要说的不只是这些。"佩姬说。

"我们回过头去看焦点小组的访谈记录，里面有很多关于领导力的评价。"本说，"让我们花几分钟的时间回顾一下这些反馈。"

几分钟后，本问："这些员工都说了什么？"

佩姬突然插话："我先发表一下自己的观点。很多评论都强调了这一点——好的老板应该关怀下属。"

"你从哪些评论中得出了这个结论？"本问。

佩姬将一些例子大声念了出来：

"我的老板询问了我的长期目标，之前从来没有老板这么问过我。"

"我的领导知道我的名字——还有我孩子的名字！你知道这有多不容易吗？很显然我的领导很在乎这件事。"

"甚至在我还未入职的时候，面试我的领导就说他会录用我，因为他认为这个岗位能够帮助我成长。你能想象吗？他没有说'我要给你一份工作，为了从你身上获取价值'——他说的是增值。这充分说明他是关心员工的。"

"我的上司最近帮我顶了一次班——他亲自这么做。他知道我的孩子生病了，他告诉我照顾小孩是第一要务。这太不可思议了，我很感激他。"

"最近我和一位领导进行了艰难的对话，她告诉我，我可以做得更好，更有成就。她主动提出帮忙，但是她说必须由我自己来做这个决定。她非常关心我，才会跟我直接提出这个问题。而且她是对的，我确实可以做到。"

"你们说的没错。一个更好的老板肯定是关心和体贴下属的，"本说，"所以，我们寻找的领导力行为是什么？"

"表示关怀怎么样？"罗斯建议。

"我觉得不错，"佩姬说。团队中的其他人点头表示同意。"我们在讨论过程中要抓住这些信息。谁知道呢，也许一旦我们定义了每个概念，最佳领导力行为就显而易见了。"

"还有其他的吗？"吉姆问。

"我觉得是在场——数据显示员工偏好领导在场，"罗斯说，"听听下面的这些评论……"

"我看到我的领导了，这对我和团队都是有益的。他露面了，而且是实实在在地在做工作。"

"我同意这个观点，"加里说，"只是我觉得这个词太狭隘，我喜欢用参与这个词。支持这个观点的评论有很多……"

"我的领导知道工作的进展情况。"

"我们的上司一直和员工站在一起——不管是情况好的时候还是坏的时候。"

"很难有人能替代我们的领导，他们对公司的业务太熟悉了。"

"我的领导愿意帮助我们，他不会不屑于做具体的工作。"

"似乎我们的领导对于领导角色的认知和大部分的领导有区别。我在上一份工作中，很显然，随时在为领导待命。而在这里，好像是他们随时为我们待命。"

"如果领导每询问我一次他们如何更好地服务员工，我就能得到 1 美元的话，那我现在得到的钱已经足够退休了！他们真正想要为我和公司创造双赢的局面。"

"我喜欢这个词。"佩姬说。

"我也是。参与这个词更好。"罗斯也说。

"我们抓住这个观点，参与度高的老板是更好的老板。"

"这点作为最佳领导力行为可能过于简单了，'保持参与度'怎么样？"本建议。

"我喜欢这个说法，简洁明了，"查尔斯说，"这点很明确，我们不能接受缺席的领导。"

很难有人能替代我们的领导，他们对公司的业务太熟悉了。

"列表里还要再加一项。"罗斯说。

"是什么？"

"有才能，"罗斯说，"一个更好的老板应该有才能。"

"那不是理所当然的事情吗？"本问。

"我不这么认为，"佩姬说，"世界上有很多差劲且无能的老板。"

"对的，但希望这里没有。"查尔斯笑道。

"你倒笑得轻松，"加里说，"你为无能的领导工作过吗？"

"没有，我没遇到过那种情况。"查尔斯承认。

"我有过，那简直是场噩梦！"加里说。

"我建议把这点加上，"吉姆说，"我觉得加里说得对。"

"慢着。"佩姬还不满意，"如果要加上这一点，我们要把标准设得再高一点儿。"

"你的意思是？"本问。

"有才能不是卓越，有才能不是杰出。我们谈论的是一个更好的老板，而不是一般的老板。"

"你有什么好的说法可以推荐吗？"吉姆问。

"我喜欢'娴熟'这个词。我想要一个对如何开展工作了然于胸的领导。"佩姬建议。

"我喜欢这个词，"罗斯说，"我们想要领导对业务娴熟。

那我们该怎样描述领导者的责任呢？"

"卓越领导怎么样？"加里建议。

吉姆显然表示赞同，说："我把这一点加到列表中。"

更好的老板

· 表示关怀；

· 保持参与；

· 卓越领导。

为什么不呢

星期一早晨，布莱克收到一条萨姆发来的短信："我们有
必要碰个面——时间地点你来定。"尽管上次见面之后，布莱
克保证了会跟进，但萨姆觉得有必要再推进一下。

布莱克这周晚些时候要去萨姆的一家宾馆附近，所以他
同意进行一次短暂的会面。

○　○　○

布莱克和萨姆都抵达了约定的地点，大堂空无一人。面
无表情的年轻服务员过来"招呼"说："你们可以随便坐。我
们本来也没希望有多少人来。"两人都做了一个鬼脸。然后服
务员指了指里面的餐厅，并没有带领客人过去。

他们自己找到角落里的一张餐桌，布莱克等着萨姆如何
评价自家的服务员。

"服务很差，这我知道。"萨姆口气里带着歉意。"我们得

到的就是这些——傲慢和冷漠。我跟你说过，这简直要了我的命。"他倚靠在餐桌上，双手托腮。

过了一会儿，布莱克问："一直都是这样吗？"

"我觉得不是——一开始真不是这样。"萨姆的回复感觉不能让人信服。"我的意思是，虽然我的酒店都不是五星级，但是从来没这么差劲过。"

"为什么呢？"

"什么为什么？"

"为什么你的酒店都没有上五星级呢？"布莱克问。

"你不了解我们这个行业。"

"你说的没错，我确实不了解。但是你也可以说说为什么你的酒店没有得到业界的认可。"

"有很多原因。"

"讲讲看。"

"我们没有高尔夫球场和温泉疗养，这些都是五星级酒店最基本的条件。"

"好吧，如果五星级酒店只是一个抽象的概念，不考虑这些设施，那么它和普通的酒店区别在哪里？"

"我知道你想说什么，"萨姆承认道，"是人，我们没有五星级的员工。"

"为什么没有呢？"

"又来了，这其中有很多原因。"

"我想听听具体都有哪些原因。"布莱克说。

"首先，找高层次的人才来做这种工作是不可能的。"

"真的吗？"

"是的，根本不可能。"

"但是看起来你的竞争对手们都已经找到了方法。"

萨姆停顿了一下，意识到布莱克说的有道理。"好吧，可能他们确实找到了方法，但是我永远都请不起你刚刚说的那种层次的员工。"

"你确定？"

"当然了，我的利润空间非常小，任何工资上浮都会对经营产生影响。"

"好吧，但是如果更好的员工——我们称之为优秀人才——能帮你们提高营业额呢？我们要面对这个现实。我们还没有点菜，而且照刚刚我们进来时的情形看，我是不会再来的。这样你的生意怎么可能会好呢？而且根据我们的研究结果，你根本没必要比竞争对手花更多的钱，你只需要有竞争力。吸引最聪明和最优秀人才靠的并不一定是金钱。"布莱克开始解释他们公司的研究成果。

"即使你说的都是对的，"萨姆说，"我也没有时间来关注优秀人才。我需要经营我的生意。"

"说的没错。上次聚会时你跟我及其他在场的人说，寻找员工是你的第一要务。那么你现在投入了多少时间在你的第一要务上呢？"布莱克留出时间让萨姆思考，然后才继续问："你安排了多少全职人员专门负责这件事情呢？"

"公司的经理们一直在搜寻人才。"

"你指的是那些在运营酒店的经理？"

"没错。"

"你认为他们每天、每周花在人才问题上的时间有多少？"

你现在投入了多少时间在你的第一要务上呢？

萨姆愣住了，布莱克问得他哑口无言。之前他从未把这些信息联系到一起。他认为自己吸引不到，或者说负担不起他想要的人才，这种想法驱动了他的行为——其中一个无意识的行为就是不指派员工来解决这个问题。

"我不知道自己该说什么了，"萨姆承认，"所以我想跟你聊一聊。"

"听着，我不是在批评你。你也听到我在上次聚会上说的：我们公司目前也还没有尽我们所能来解决这个问题。然而，我们首先都要做出一个决定——领导者要为组织设定人才标准。

"如果想吸引顶尖人才，你必须做决定。意愿是打开一个充满可能性的新世界的钥匙。正是意愿让我们把人类送上月球，制造无人驾驶汽车，发现各种疾病的治疗方法。意愿是任何想要打赢人才争夺战的领导都要迈出的第一步。我们只能解决那些我们想要解决的问题。"

更光明的未来

查尔斯团队又召开了一次会议，他们回顾了澄清更好的老板这个概念的过程，并且大家对此都很满意。他们相信通过特定的行为可以帮助整个公司的领导者参与进来并兑现承诺。

"下一个议程，一个更光明的未来。"吉姆说。

加里第一个发言："即使不是优秀人才也能理解这个概念。"

罗斯问："你认为更光明的未来的含义是什么？"

"当然是更多金钱了。"加里不耐烦地说。

"加里，你怎么还在老调重弹？你肯定没有仔细研究数据。"本说。

"金钱不是你所想象的万能药。"佩姬说。

"而且，焦点小组中很少有人提及金钱是吸引要素。"查尔斯提醒团队。

"为什么你们觉得不是呢？"罗斯问，"我们都需要金钱。"

"当然了，优秀人才对薪资也有要求。但是他们的追求是更光明的未来而不止于金钱。"

"好吧，如果跟金钱没有关系，我就真的不知道还能是什么了。"加里说。

"他们想要什么？"本问。

"我觉得他们想要我们（或者任何他们为之效劳的人）帮助他们做好准备，迎接更光明的未来。我们谈论的是我们会帮助他们达到目的——我们正在做出承诺，帮助他们朝其希望的未来努力。"

"我认为你说得对。现在的问题变成了我们应该如何帮助他们？——一个更光明的未来的推动因素是什么？"本说。

一个更光明的未来的推动因素是什么？

参照焦点小组的数据和评论，团队列出了更光明的未来的推动因素，这是一个很长的列表。

罗斯盯着白板看了一阵说："我看到了一个模型——稍等，不是，我看到好几种模型。"

"我也明白了。"本说。

"可能是 3 种。"罗斯说。

"是的，而且第一种与成长相关。"本补充道。

"我明白了，"佩姬说，"通过增加任务和培养新技能可以将个人成长和职业发展结合起来。"

"好，"吉姆说，"我们就叫它成长吧。"

"不要忘了，我们要明确领导力行为和最佳做法。最佳领导者在人才成长方面会怎么做呢？"

"我们期待、要求、鼓励、培养或养成，谁能帮我一下。"吉姆已经词穷了。

"这个列表很有用，但是感觉太温和了。"本说。

"温和？"吉姆挑起眉毛。

"是的，如果你告诉优秀人才他们能够期待一个更光明的未来，那么我们怎样适当地增加表达强度呢？"

"一流这个词怎么样？"罗斯说。

"我喜欢这个词。"吉姆说。

"这个更贴切。"本说。

"我们称之为我们的首个领导力行为——一流成长。"

"在继续下一步之前，我们确定知道我们的意图吗，或者当优秀人才说想要成长的时候，我们知道他们的意图吗？"吉姆问。

"我认为他们想要可转移的技能。"罗斯说。

"这是什么意思？"加里问。

每个人都环顾桌子，然后查尔斯问："佩姬，你认为这是什么意思？"

"我认为这句话的意思是，每个人都想学到在本职工作之外还能应用到的其他技能。"

"你说得对，也可能是指他们想学到即使不在我们公司也用得上的技能。"查尔斯补充道。

"我们得把事情弄明白。'顶尖人才'，"加里边说边用手指在空中打了个引号，"想要我们训练他们为下一任雇主服务？"

"我不知道我刚刚是否表达了这一层意思，不过确实，我们最聪明、最优秀的人才知道他们不可能在一个职位上度过整个职业生涯，他们也可能意识到不会永远和我们一起工作。所以他们在签订劳动合同之前，就已经在考虑未来了，他们想要了解的就是在这里的工作经历会让他们将来的求职之路受益还是受损。"查尔斯说。

"我就是这么想的。"佩姬说完马上观察团队的反应，然后压低声音问："我刚刚说的声音很大吗？"

房间里一阵尴尬的沉默。佩姬是一名新入职的员工，才华斐然。查尔斯试图缓解尴尬，插进来说："很棒！那你可以帮帮我们。当你考虑现在的工作和未来的关系时，你心里是怎样想的？"

"坦率地说，就像你们描述的那样。我不知道在我的职业生涯中会换多少份工作，也不知道在接下来的 40 年中我会经历多少变动！但是我知道数据显示，很少有人会在一家公司待一辈子。因此，谨慎的做法是将每份工作都当作学习的机会。如果一个人心思缜密且勤奋好学，那么他通过选择合适的工作就能增长智慧。如果你选择了一个不鼓励和促进成长的地方，你就丧失了几年的成长机会。"

"谢谢你，佩姬。我猜想我们团队中的好几位在职业生涯中都有过这种感觉。"把注意力重新转向团队，吉姆继续说，"那么一流成长能概括优秀人才想要的可转移技能吗？"他看到一两个人在点头，于是说："好的，那我们继续。"

"领导者还能做些什么来帮助人们实现更光明的未来呢？"本继续问，"回顾列表上的行为和行动选项，我更喜欢挑战和机遇这两个词。我们可以将这两个词整合起来吗？"

"我认为挑战和机遇是不一样的。这两个词我都喜欢，但我不会试图将这两个词捆绑在一起。"查尔斯说。

罗斯说："如果我们把挑战和机遇区别对待，那么挑战对应的领导力行为是什么？"

"最佳领导者提供挑战。"吉姆说。

团队表示赞同。

"那么机遇呢？"查尔斯问。

"他们也创造机遇。"本补充道。

"这两者之间有什么区别？"罗斯问，"对我而言，它们看起来很相似。"

"我试着解释一下，"佩姬说，"我认为提供挑战就像是今天的情形——增加任务和训练的强度，在必要的时候进行激烈的争论，调动所有人最好的一面。"

"我觉得有道理。"查尔斯说。

"创造机遇感觉更加面向未来，"佩姬继续说，"例如保证员工知道公司内部的其他职务或任务，放宽人才的流动性。我们向各个行业的领导者发起挑战——人才属于整个公司而不是某个部门。这点很有帮助。"

人才属于整个公司而不是某个部门。

"我觉得很有用。感谢你们提供的这些例子。"罗斯说。

"大家都认同这一点吗？"吉姆环顾四周问。除了加里——他的神情看起来比平时游离。"加里，你还好吗？你认同我们的行为列表吗？"

"我还没弄明白，我们要迎合像佩姬这种炙手可热的人才，但是他们却并不会为公司长期效力。"加里说。

查尔斯正准备开口，本打断了他说："我要讲两点，首先，你必须马上向佩姬道歉。"

"很抱歉，佩姬，我说的话不是针对你的。只是这个理念，在我看来有点儿错误。"

"第二，"本继续说，"我觉得你们都忽略了一点。那些把这份工作当作成长平台的员工对公司的贡献不见得就比你们少。事实上，像佩姬这样的有着成长思维的员工，给公司带来了新鲜的血液，也激励着我个人每天都尽最大努力做好工作。"

"呃……"加里开始结巴起来。

"还有一点，你也不是唯一一个没有达到优秀人才标准的人，他们也没有咨询我的意见。但是，只要我领一天的薪水，我就会努力工作来尽可能地帮助我们的公司取得成功。"

吉姆深吸一口气说："坦诚是好事，感谢各位分享各自的观点。我觉得我们需要休息一下——休息15分钟吧。"

大家起身准备离开的时候，吉姆走到白板前写道：

更光明的未来

· 一流成长；

· 提供挑战；

· 创造机遇。

验　证

克林特的入职培训已经结束了，他准备正式参加工作。在开车前往公司的途中，他的脑中思绪万千。

这个地方和他想象中的一样吗？入职培训让他坚信这家公司是与众不同的。入职培训持续了 4 个小时，其中有两个小时就是公司一把手亲自在讲。朱莉分享了自己的愿景并邀请团队中的每位成员成为一个更宏大愿景的一部分，将公司的影响力扩展到行业之外。

克林特早到了 15 分钟，他不想迟到。带班领导看到克林特已经提前到了，直接上前跟他打招呼，叫出了他的名字，尽管两人之前从未见过面。

"早上好，克林特。很高兴你加入这个团队。我叫马特，是这儿的团队负责人之一。我今天可以帮助你先熟悉一下工作。"

"谢谢你，马特。我有一个问题，你是怎么知道我是克林

157

特的。"

"除了你的名牌，我还有什么其他的方法吗？"马特笑着说。

"哦，对的。我还不习惯戴这个名牌。"

"我给你看看我是怎么做到的。"马特掏出手机，给克林特看了一张克林特的照片。

"你是从哪里得到我的照片的？"克林特问。

"在入职培训会上，他们给你拍了照片，你还记得吗？这些照片被发给了整个领导团队。我不想让你在公司被当成是陌生人。"

"太棒了。"克林特说。

"说到消除陌生感，你可以现在打个卡，我把你介绍给已经到公司的其他团队成员。"

马特把他介绍给了 35 位员工。最棒的是马特分享了团队中每个人的一些个人生活。

"你是怎么了解他们的个人生活的？"克林特问。

"那就是我的工作。"

"真的吗？"克林特问，"你的工作职责肯定非常广泛。"

"并不是。我最基本的工作是服务这些员工——帮助他们和我们的公司取得成功。如果你不了解这些员工，是很难服务好他们的。"

"接下来我要做什么？"

"我想让你见见我们的客户。"

"怎么见呢？"

"我们到外面去，跟他们聊聊。"

"你认识他们吗？"

"很多都认识，我们有很多熟客。"

这两个年轻人穿过大门，走进公司的零售店。他们见到的第一位女士跟马特打招呼："马特，你今天还好吗？"

我最基本的工作是服务这些员工——帮助他们和我们的公司取得成功。

"我备受鼓舞。"

"为什么呢？"

"我有了新的团队成员，他叫克林特。"

"克林特你好，很高兴见到你。"

"史密斯太太，"马特说，"你肯定会感兴趣的，我知道你去过非洲很多次。"

"你的记性真不错，马特。对的，我去过非洲几次。"

"克林特正准备给非洲的一个村庄买井。"

"我喜欢这个计划！请告诉我这个村庄的名字。"

和史密斯太太交谈了 10 分钟之后，她把自己的邮箱给了克林特，说她愿意帮忙。克林特满脑子想的是：这个地方真是太不可思议了！

马特将克林特介绍给其他的一些顾客。转了一圈后，马特说到时间让克林特休息一下了。

"为什么休息呢？"克林特大笑着说，"我还一点儿工作没做呢。"

马特纠正他说："不，你错了。当你今天到公司碰到第一个人的时候，你就已经开始工作了。我知道这听起来很不可思议，但是我们真的是在做和人打交道的工作。"

短暂的休息之后，马特跟一位年轻的女士走了出来。她看起来比克林特年长了几岁，脸上挂着笑容。

"克林特，这是麦迪逊，你的导师。她会帮助你做训练计划，然后教你如何开展工作。你有什么问题吗？"

"目前有一个问题。"

"说吧！"马特说。

"这个培训要持续多长时间？"克林特想大概花几分钟就足够了，他急切地想要开始工作。但马特的回复让他感到很吃惊。

"根据你的行程，初期训练大概需要3周。"

"马特，可这只是份暑期工作啊，你知道吗？"

"当然。但谁知道呢，也许你会长期留下来呢。"马特微笑着说。

克林特看着麦迪逊，她说："大部分人都会留下来的。"

"好，我准备好了。"克林特说。

当他们正准备离开时，马特说："还有两件事情。麦迪逊，让克林特4点钟回到这间办公室来，朱莉要和他见个面。还有，克林特，这是我的手机号码，要是你有什么需要的话可以随时联系我。"马特将名片递给克林特。

"这一切都是真的吗？"克林特想。

克林特断定麦迪逊非常聪明。他问："你是怎么来到这家公司的？"

她说自己14岁的时候就到这家公司工作了。

"法律上允许吗？"

"那时候我的工作时间很少，任务也不多——但那只是个开始。"

"你是怎么知道这家公司的？"

"我小时候经常跟着父母来这里。朱莉看中了我，她曾经跟我和我的父母说，如果我想在这里开始职业生涯，她会帮助我实现理想。14 岁那年，我跟父亲说想要一份工作。他说：'好吧，给朱莉打电话让她安排面试。'接下来的事情你都知道了。"她笑道。

"你的理想是什么？"克林特问。

"我还没弄清楚，但是朱莉和这里所有的领导都在帮助我走向成功。在人生的这个阶段，我想不到其他更好的工作选择。"

◦　◦　◦

下午 3 点 50 分的时候，麦迪逊说："我们要回办公室了，马特说你要和朱莉碰个面。"

"有什么计划？"

"还不太清楚，但我可以先给你提个醒。"

"什么？"

"她可能会问你是否想要留下来。"

"你不是在开玩笑吧？"

"当然不是，我是认真的。这对于她来说不仅是一份工作，她想知道你是否真的想要在这里工作。并不是每个人都愿意的，因为工作挺辛苦的，时间也比较长。"

"我会留下来的。"

"太好了，这是我的名片。"

"上面有你的手机号码吗？"

"当然。你有需要就可以给我打电话。明天早上 8 点我来找你。如果你不介意的话，明天我们可以一起吃午饭……当然是在中午休息时间。"

"没问题。"

"我听说你在做一个项目，在非洲还是亚洲，或是其他什么地方。我想听你说说看。"

"这是个约会。不，当然不是指那种约会——它是种会议。"

麦迪逊脸上闪过一丝笑容："那明天见啦，我们已经到朱莉的办公室了。"

克林特打开门，朱莉站起来跟他打招呼。

"下午好，你今天还适应吗？"

"说实话，我觉得自己没有挣到今天的工资。"

"为什么这么说呢？"

"我见了很多很优秀的人——包括同事和客户，我也学习了如何做我的工作，但是我并没有做任何实际的工作。"

"这是在你工作第一天给你上的很好的一课——不要低估准备的作用。听你这样说，我觉得你这一天成果丰硕。"

"很高兴你能这么说。"克林特说，"我也想谢谢你在入职培训上花时间和我们交流。这真是太棒了！我感觉你让我们先人一步。"

"我的目标是让你们都领先别人 10～15 年。"

"你的意思是？"

"我想教会你和所有其他团队成员怎样在行业中取得成功。你们会学到很多员工在其他公司直到职业生涯中期才能学到的东西——有的甚至永远也学不到。"

"你为什么想要帮助我们呢？"

"当我在你这个年纪的时候，也有人点拨了我，我想用 30 年的时间来回报。而且，可以肯定的是：帮助员工成长并教会他们如何为别人增加价值对行业而言是极为有利的。"

可以肯定的是：帮助员工成长并教会他们如何为别人增加价值对行业而言是极为有利的。

"你愿意在这个暑假努力工作，竭尽全力地学习吗？"

克林特还没来得及回答，朱莉就说："我对你有很高的期望，你确定要留下来吗？"

"是的，我很感激能来到这里。"

"我们也很幸运有你加入。"朱莉边说边和克林特握手。

"明天见！"

◦　　◦　　◦

晚饭时，克林特一坐下来就开始聊今天发生的事情，甚至还没来得及等其他家人就座。

"爸爸，真是太不可思议了！马特是我的主管。他知道每个人的名字，而且他还了解他们工作之外的个人生活。然后我和我们的客户聊了一个小时——纯粹是闲聊！马特告诉我说，我们做的是和人打交道的工作。然后我碰到了麦迪逊——她是我的导师。他们说我需要接受为期 3 周的培训，我提醒他们这只是份暑期工作。他们说我可能会待更长的时间。在工作快结束的时候，我和公司负责人进行了一对一的谈话，她问我想不想留下来。她说对我期望很高，还说很幸运我能加入他们的团队！这真让我松了一口气。"克林特几乎一口气说完上面的一番话。

　　"这听起来很棒！恭喜你啊，儿子。看起来你找到真正的人才磁铁了。"

　　"是的。"克林特说，他还记得上次和父亲的谈话，接着问："你们的研究进行得怎么样了？"

　　"我们有一些进步，但是听起来我们离朱莉和你加入的新团队还差得很远。"布莱克说。

　　"为什么这么说呢？"

　　"你说你和朋友们正在寻找更好的老板、更光明的未来和更宏大的愿景。听起来朱莉已经实现了你们的愿景。"

　　"我觉得她做到了。"

更宏大的愿景

　　布莱克迫不及待地要参加他的首席执行官朋友们的聚会，他想了解他们在人才方面的进展。

　　聚会还是在上次的酒店宴会厅举行。每个参会者都对人才现状再次表示感慨并提出了与上次会议同样的问题。布莱克对其他人没有取得任何进展感到震惊。轮到他发言的时候，他说："我们一直忙着解决这个问题。我们坚信我们的公司能够成为一个人才磁铁——一个真正对优秀人才有吸引力的地方，优秀人才会排队等着为我们效力。"

　　厄尔·班农打断了他，说："听起来，这个年轻人领悟到了一些不同于凡夫俗子的见解。"很多人对厄尔的幽默报之一笑。

　　"今晚可不适合开玩笑，但是我可以告诉你们我们正在研究的方向，我们正在试图弄清楚打造人才磁铁需要什么。"

　　"那你弄明白了吗？不要吊着我们——我可不是年轻的姑

娘。"利文斯顿太太说。

"我觉得我们已经找到答案了。"

"你们当中有人知道优秀人才真正想要的是什么吗？"

"金钱？"有人问。

"他们确实想要合理的薪资待遇，但金钱并不能真正让他们感兴趣，而且也不能留住他们。优秀人才想要3件东西：更好的老板、更光明的未来和更宏大的愿景。这就是我们想提供给他们的。我们在这3方面成功与否决定了我们能否在行业竞争中胜出。"

布莱克简短的发言引发了大家坦诚热烈的讨论。大家有很多问题，布莱克回答了自己力所能及的部分，他承认自己也不知道其他问题的答案。

"我还是觉得难以置信。"埃德说。

"我要告诉你什么才是真的难以置信——期待事态变好。"布莱克精神抖擞，"期待不是策略。"

我要告诉你什么才是真的难以置信——期待事态变好。

　　布莱尔继续说："我儿子今年 16 岁。如果他今天大学毕业，我很害怕他不想到我的公司工作。这一点让我很难接受。

　　"我的公司需要更多优秀的人才。我很庆幸他们的要求很简单——被更好地领导，得到更光明未来的承诺，以及成为更宏大愿景的一部分。我们能做到这些。

　　"当我们做到这些的时候，我们就可以从我们的城市，整个州甚至整个国家吸引优秀人才。我们会形成一股强大的力量，我们会发现世界各地的人们都想和我们一起工作——这就是我们正在打造的人才磁铁。"

◦　　◦　　◦

　　在查尔斯的又一次团队会议上，议程的第一项是继续阐明人才磁铁的构成以及打造人才磁铁的领导力行为。

　　"接下来是什么呢？我想我们应该讨论一下更宏大的愿景。"本建议道。

　　"我觉得可以。"吉姆说。

　　"我们应该怎么处理这个问题呢？"罗斯问。

　　"你们有什么想法吗？"吉姆把这个问题抛向团队。

　　"让我们回到关于这个问题的数据。我们有焦点小组的评论，数据很清晰，而且坦白地讲，这让我有点儿吃惊。"查尔斯说。

"为什么这么说呢？"加里问。

"事实是这样的：如果在研究之前你问我优秀人才重视什么，我会猜测领导力——更好的老板和个人成长——更光明的未来排在列表顶部。但我没有想到更宏大的愿景会如此重要。"

"为什么它这么重要呢？"本问。

吉姆调出数据文件夹，并投影给每个人看。

当大家观看屏幕时，本问："谁能给我们解读一下？"

罗斯说："我可以，因为这组数据与人才磁铁有关，在对比优秀人才和一般人才时有两个要素非常突出。"

"首先，当人才被要求对组织的吸引要素进行排序时，组织的使命和价值对于优秀人才的意义明显高于对一般人才的意义。"

"关于更宏大愿景的第二点是优秀人才想要在组织中产生影响。我们把它定义为在社会上产生影响。"

"是的，调查问卷上的问题是关于如何在社会上产生影响。"加里补充道。

"优秀人才与他们的同事相比，更以未来为导向，"吉姆说，"这点会一次次地表现出来。"

"所以，我们将这些发现——使命和价值的重要性、产生影响的意愿——整合起来，更宏大的愿景看起来能很好地表达这些想法。"罗斯总结说，"我觉得克林特和他的朋友们这一次又说对了！"

"大家对此都能理解吗？"本问。

"我觉得可以，让我用另外一种方式重新表述一遍。"吉姆说，"优秀人才想要和他们的雇主建立真正的关联——而不只是雇佣关系。他们想与他们的雇主一起成就一些事业，所以使命和价值对他们而言很重要。"

"对的，"罗斯说，"他们想要和组织有个人层面上的共鸣——而不只是交易关系。"

"而且，如果你是一个想要有所成就的人，你难道不想成为有同样想法的组织中一员吗？这对我来说就像是联盟。"加里说。

"那我们怎么用几个字来总结刚才交流的内容呢？"

"我还在纠结该怎么总结。"吉姆说。

"领导者在创造、维持和实现更宏大愿景方面的作用，这种说法怎么样？"加里问。

"好的，谁还想发言？"吉姆问。

"假设你已经有一个愿景，事实上我们都有愿景，"佩姬开始发言，"我觉得作为领导者要做的第一件事就是保证愿景的一致性。"

"我觉得这很清晰，但是可以再详细一点儿。"本试着追问。

"在我看来，愿景的真正力量在于利用组织的集体力量。如果不能保证大家协同一致，愿景就会失去很多能量、生产力和影响力。我认为，创造协同力量是领导者需要做的最重要的事情之一。"

"对这个话题还有其他问题吗？我们是否认同——关键领导力行为之一就是使更宏大的愿景成为现实，并以此来保证上下一致？"查尔斯问。

创造协同力量是领导者需要做的最重要的事情之一。

大家都点点头。

"还有其他的吗？"罗斯问。

"愿景对员工来说有多重要？"加里问。

"数据显示，愿景对于优秀人才来说很重要。"

"真的吗？我还是不太确定。我知道我们有数据，但是说实话，在曾经工作的地方，我甚至从未听说过愿景。我曾经工作过的几家公司甚至根本没有愿景。"加里说。

"我觉得你讲到点子上了。"查尔斯说。

"真的吗？"加里问。

"是的，"罗斯点点头，"如果人们不知道愿景为何物，那么愿景就没有任何意义。我认为这应该成为我们的下一项领导力行为。"

"也许还有比知晓更重要的事情，"本补充说，"员工必须要感觉到组织的愿景与个人有连接。"

"将建立连接作为我们领导力行为的第二项怎么样？"佩姬问。

"我喜欢。"罗斯说，"谢谢你，加里，帮我们意识到了这一点，我们差点儿忽略了。"

"下一项是什么？"查尔斯问。

"我觉得还有一个关键点我们还没有讨论到，"佩姬主动说，"我觉得更宏大的愿景应当是影响深远的。"

"所以我们称之为更宏大的愿景啊！"加里反问。

"当然，我明白。"佩姬回应，"但是这里的数据显示：优秀员工想要在社会上产生影响。我的想法很实际，如果我们的理念影响不够深远的话，那么这个愿景能有多宏大呢？"

优秀员工想要在社会上产生影响。

"影响深远必须是全球性的影响吗？"罗斯问。

"我不这么认为。影响深远可以是帮助当地儿童解决入学问题。"查尔斯补充道。

"或者是帮助某些人掌握工作技能，抑或是帮助某些人购买首套房吗？"本问。

"没错。"查尔斯对本的说法表示肯定。

"也不是说这些就不能产生全球性的影响。"罗斯说。

"你知道我听到的是什么吗？这听起来不像是关于影响范围的讨论。"查尔斯说。

"真的吗？"吉姆质疑道。

"我觉得这听起来像是在讨论影响力。"查尔斯说。

"正是如此！这不是关于你要在哪里产生影响……"加里说。

"而是关于你是否产生了影响力。"吉姆帮着加里讲完了。

"这就是更宏大的愿景。这是要在这个行业中甚至是行业之外产生影响。"罗斯说。

"所以，大家帮我想想，组织的领导者和这些有什么关系呢？我们不设定愿景。"加里说。

"是的，但是我们把更宏大的愿景变为现实——让它成真。这个角色很重要。"

"具体要怎么做呢？"罗斯问。

"我们的工作岗位的独特性让我们可以分享自己的成功之处；整个组织的领导者在开展日常工作时，都可以把更宏大的愿景变为触手可及的事物。我们可以宣扬影响力。"佩姬总结道。

"我觉得这点可以加到列表中。"吉姆说，其他人也应声附和。

罗斯加上了最后一点：

更宏大的愿景

· 保证一致；

· 建立连接；

· 宣扬影响力。

现在行动

在每周例会上，布莱克迫不及待地想跟查尔斯分享克林特第一天工作的情况。

"早上好，布莱克。"查尔斯走进办公室跟布莱克打招呼，"上周还顺利吗？"

"很好。我参加了一个讨论会——真希望你当时也在场。"

"讨论会？我都没听说过。你出城了吗？"

"没有，是在我家里。我从我儿子那里学习了怎样打造人才磁铁。"

"克林特和他的朋友们又在制定战略吗？"

"不，他已经找到了工作。他描述的工作场景听起来就是我们一直想实现的。"

"公司在哪里？"

"在城镇的另一边。"

"公司规模大吗？"

"有几百名员工。"

"其他的你还知道什么？"查尔斯问。

"我知道我们必须加快行动了，"布莱克说，"当我的儿子和他的朋友们从大学毕业时，他们是不会想到我们公司工作的。他们会为像朱莉这样的老板工作——朱莉是克林特的新任上司。"

"我们正在努力，布莱克。我今天来这里就是分享一些最新的想法。我们正在打造吸引力强劲的人才磁铁。"查尔斯写出了一个简单的公式：

$$TM = B^3A$$

"人才磁铁的力量等同于我们履行诺言的能力：更好的老板、更光明的未来、更宏大的愿景乘以我们对承诺的认知。"查尔斯说。

"你是从哪里得出这个等式的？"本问。

"我们从磁铁吸引力的公式中得到的启发。B 代表磁场的强度，A 代表磁铁的表面积。"

"在我们的实践中，磁场的强度取决于我们履行承诺——所有 3 个要素的程度。A 代表的不是面积，而是认知。这两点有惊人的相似度：表面积小的磁铁吸引力弱，而对我们而言，如果对人才的认知度不够，我们人才磁铁的吸引力就弱。"

"很有意思——而且我觉得很有道理。下一步我们该怎么做？"布莱克问。

"在上次会议中，你和我已经讨论出了最佳领导力行为的初稿。我们知道这个列表还只是开始——还有很多增加人才磁铁吸引力的方法。但是，我们相信，列出实际行动对于提高我们的践诺能力有很大帮助。如果没有我们的领导者每天持续地努力，我们永远不可能成为人才磁铁。"

查尔斯给布莱克分享了以下列表：

人才磁铁

最佳领导力行为

更好的老板　　表现关怀

保持参与

卓越领导

更光明的未来　一流成长

　　　　　　　　提供挑战

　　　　　　　　创造机遇

更宏大的愿景　保证一致

　　　　　　　　建立连接

　　　　　　　　宣扬影响力

　　过了一会儿，布莱克说："我有两个想法，第一，我很喜欢这个列表！这个列表将人才磁铁从一个巧妙的比喻变成了一个有竞争优势的行动方案。请向你的团队转达我的感谢。第二，我同意你刚才的说法。"

　　"你同意哪个说法？"查尔斯问。

　　"你说没有领导者的参与，我们就永远不可能创造出人才磁铁，你是正确的。因此我认为这些最佳领导力行为能为我们带来改变——这种说法简洁明了，让人耳目一新。"布莱克握住查尔斯的手说，"感谢你。"

讲好故事

在团队聚齐后，查尔斯和团队碰面并查看了他们的进度，然后分享了刚才和布莱克的对话。他们讨论的第一件事就是人才磁铁。

"布莱克对你们在这个项目中的工作表示欣赏——他说感谢你们！我们吸引和留住优秀人才的能力为我们创造重要的竞争优势。"查尔斯说。

"布莱克和我已经在思考如何加快进程。我们下一步要做的就是进行分工。本，罗斯和吉姆，请继续和部门协作制订践诺的行动计划，新的领导力行为列表应该能派上用场。加里、佩姬和我开始研究怎样讲好故事。最终，我们人才磁铁的吸引力取决于我们对于人才的意识。"

"我们下周再碰面讨论项目进展情况。谢谢！"

负责讲述故事的团队决定移到另一间会议室继续讨论。

"我们从哪里开始？"加里问。

"我们先弄清楚任务，"佩姬说，"本、罗斯和吉姆会专注于改善公司内部的执行力度，而我们要做的就是告诉外界我们能提供什么——对吗？"

"正是。"查尔斯说。

"我觉得我们在午饭前就能完成这个方案。"加里讽刺道。

"不，我觉得这比我们想象的要复杂。"查尔斯说。

"我同意，我们不可能在午餐前就结束。但是你为什么觉得难度这么大呢？"佩姬问查尔斯。

查尔斯还没来得及回答，加里说："我跟你说3点原因，世界很大，我们谈论企业文化的方式很微妙，而且坦白地说，找到实现这些目标的资源对我们来说也是一个挑战。"

"好吧。"佩姬点头承认加里刚刚说的这番话有道理，"我想逐个解决这些问题，而且我觉得我们要先讨论微妙的这部分。你为什么说这部分很微妙呢？"

"你也看到我刚才的反应了，当然这有点儿过分，但这就是我的真实反应。如果我们跟别人说我们正在做这些工作来吸引优秀人才，那么这会让所有其他人都觉得自己是二等公民。"加里回答道。

查尔斯点头表示认同："说得很好，加里。"

"我来说说我们要怎么解决这个问题。我们的领导者关怀下属，帮助员工成长，为世界做出贡献，有人会因此责难我们或者任何一家这样做的公司吗？"

"这个答案也很微妙，具体取决于你们怎么评价这件事。"加里坚持道。

"我知道，但是假设我们考虑周全，用谦虚的态度来沟通这件事，我认为这样就不会令我们的员工疏远。我相信这则信息会让他们觉得在这里工作很自豪。"

"为什么呢？"加里问。

"即使员工不被我们所讨论的内容吸引，他们也不会排斥。就像你去买车，你发现了一辆自己喜欢的车，但是这辆车的标准配置里有一些你可能并不一定会购买的功能，你很可能还是会买这辆车。我们所谈论的就是我们的'标准配置'——这些是内置的，不额外收费的。这些可能对你没有吸引力，但是你也不会排斥。"

"我们要广而告之我们正在吸引优秀人才吗？"

"不，我们只需要讲好故事：我们是什么，我们做什么，我们的信念是什么。如果我们的理论正确的话，那么我们创造的磁场会对顶尖人才产生巨大的吸引力。"佩姬补充道，"很多求职者会无视我们的信息，但是优秀人才会对我们的理念产生强烈的认同感。"

很多求职者会无视我们的信息，但是优秀人才会对
我们的理念产生强烈的认同感。

"这是我们的任务。我建议我们接受这个微妙的现实并继续前行。"佩姬建议道。

查尔斯和加里点点头，表示认可。

她继续说："你刚才评论说'世界很大'，对此我有一个想法待会儿要分享一下。"

"资源问题呢？"加里不想漏掉这一点。

"在我的上一份工作中，我的领导曾经说，'金钱都是追逐宏大理念的'。我们可以先制订一个大胆的计划，然后再考虑如何解决资源问题。同时，我认为已有的资源已经足够我们做出一番成绩了。"

"我们可没那么多资源。"加里嘟囔着。

"我们拥有的资源比你想象的多。"佩姬说。

"我的丈夫在军队，我听他说过力量倍增的概念。我对这个想法的理解非常简单，就是利用你已拥有的资源作为杠杆来

实现更大的优势。我们想想如何利用这个想法来帮助我们讲述故事。"

"你有什么资源可以作为杠杆？"加里问。

"我马上想到了两种资源，"佩姬说，"社交媒体和上百名员工。"

"好吧，"加里的语气更像是质疑，"我有点儿认同你的观点……"

"关于你说的'世界很大'的问题，我们居住的星球已经不再像以前那样大了，这得益于网络和社交媒体。这两者结合的力量是让人震惊的。我们如果有这方面的想法且经过深思熟虑，就可以利用网络和社交媒体作为力量乘数。"佩姬说，"我们可以和世界上成百上千万的人分享我们的故事。"

"请解释一下。实际操作起来它会是什么样子呢？"加里问。

"嗯，我只是突然有了灵感，想想我们的网站。"

"网站？"查尔斯问。

"在你们的笔记本电脑上打开我们公司的网站。"佩姬说。

加里和查尔斯围在加里的电脑屏幕旁。

"告诉我，你们看到什么了。"她说。

"你的意思是？"加里问。

"这个网站看起来怎么样？"

"看起来像一个企业网站。你想说什么？"

"这就是我想说的，"佩姬说，"在首页上你能看到任何表明这是人才磁铁的地方吗？"

"原来如此，"查尔斯说，"没有。"

"有任何能让人觉得我们会认真兑现承诺——更好的老板、更光明的未来、更宏大的愿景——的元素吗？"

"没有。"加里说。

"好，再登录我们的脸书账号，重复上面的问题。还有推特、照片墙、色拉布以及其他任何走红的社交网站，上面有这些信息吗？虽然我们目前还没有利用社交媒体的力量来讲述我们的故事，但是我们可以做到。"佩姬感叹道，"社交媒体是世界历史上最有力量的领导力工具，但是必须要有策略地使用以实现它的价值。"

社交媒体是世界历史上最有力量的领导力工具。

"不错，看来我们要做的工作还真不少。"查尔斯笑容满

面，"谢谢你，佩姬，帮助我们赶上科技的潮流。"

"不用担心，我们永远都追不上——但起码要保证我们永远不会停止奔跑的脚步。"佩姬说。

"你刚才提到了我们现有的员工，他们和这一点有什么关系？"加里问。

"我们把他们都作为公司的大使怎么样？"佩姬建议，"我们可以建立公司内部的发言部门，培训我们的员工讲述公司的故事。"

"公司的公关团队已经有相关的演示文件了。"

"不。"佩姬语气强硬，明显很失望。

加里和查尔斯对佩姬的反应措手不及。

"我说了什么吗？"查尔斯无辜地问。

"说实话，查尔斯，"佩姬摇着头说，"我不敢相信你是这么想的。"

"怎么想的？我刚才没仔细听。"加里趁着查尔斯还在思考佩姬的反驳时说。

"你们强调公司将来要面临一个巨大的挑战，但公关团队并没有关于我们最新承诺的宣传文件。我们最多有一两个宣传片——而且是关于公司发展历史的。它们可以留着用来做公司新员工入职培训，但是用来吸引优秀人才肯定是不行的。"

"我想我明白了。我们公司的历史很重要，但是仅讲述我们公司 100 年前由第一代移民创立的故事并不能让我们成为人才磁铁。"查尔斯说。

"正确。"佩姬说，"主要的理念是这样的：当我们谈论关于吸引优秀人才的理念时，我们必须要讲述他们想听的故事。"

当我们谈论关于吸引优秀人才的理念时，我们必须要讲述他们想听的故事。

"更好的老板，更光明的未来，更宏大的愿景。"加里的声音里还有一丝疑虑。

"正是如此！"佩姬附和说。

"这应该会很有意思。"加里说。

"我们来制订计划！"查尔斯补充道。

启 动

现在，目标圆满达成，团队想尽快与布莱克会面并分享其研究成果。会议安排在周一早上，布莱克决定让全体管理团队一起参加。对于扩大影响力，减少采纳新理念所需的时间，他有充分的自信。

"大家早上好！"布莱克热情洋溢地说，"我对于今天要开的会非常激动。"

"布莱克，你每天都精力充沛。"查尔斯面带笑容地揶揄道。

"你说得没错，不过今天我特别开心，我告诉你们为什么……"

布莱克回顾了事情的来龙去脉，并总结说："和员工一起工作是对领导来说最具挑战性和成就感的工作。我们永远不能躲避责任，这是工作的职责。如果我们不履行对员工的责任，我们就丧失了领导力。为员工服务必须永远是我们的头等大事。比起愿景、战略、创造力、市场、财务甚至是技术，最终是员工决定了我们能否成功，因此我才对这项工作如此积极。

我们将在吸引和留住最佳员工方面有更好的表现。"

比起愿景、战略、创造力、市场、财务甚至是技术，
最终是员工决定了我们能否成功。

"查尔斯，你准备说点儿什么？"

"说得很好，布莱克。我们需要更多优秀人才，而且，我们之前也讨论过，人才争夺战正在上演。但是，我们今天不是来讨论这个问题的，我们是来找出解决方案的。"

"我们对优秀人才进行了广泛的调查，发现他们在工作中的追求。好消息是：他们的需求说起来很简单，要实现则有一定的挑战性，但是一切皆有可能。"

查尔斯要求吉姆、加里和佩姬解释每项需求的含义——更好的老板、更光明的未来和更宏大的愿景——以及实现这些所需的领导力行为。

待他们讲完后，查尔斯继续说："既然现在我们知道优秀人才的真正需求，我们就能够评估目前的做法。评估的结果参

差不齐，有的部门远超过平均水平，有的部门则落后了一大截。我们公司在执行今天所提到的标准方面表现不一致。我们已经开始制订计划来强化上面这些领域。"

这时，市场营销部主管——克里斯廷问："那些已经提供了更好的老板、更光明的未来和更宏大的愿景的部门呢？它们会比其他落后的部门吸引更多优秀人才吗？"

"并不总是这样。"查尔斯说。

"这就是这套理念不成立的地方。如果我们知道优秀人才需要什么，而且有的部门已经投其所好，那么为什么它们还缺少人才呢？"

"问得很好。我反问你一个问题：在你的职业生涯里，你是否遇到过一款很不错的产品，价格合理，却无人问津？"

"当然，这种事情经常发生。"

"为什么呢？"

克里斯廷还没来得及回答表情就变了，她笑了笑说："我知道你想说什么了。"

"快解释一下，我们这里很多人不如你有经验。为什么有的时候好产品却卖不出去呢？"

"认知，或者更准确地说是缺乏认知。人们不会买他们没有听说过的产品。"佩姬说。

"这和我们得出的结论不谋而合！"查尔斯分享了他们的人才公式。

$$TM = B^3A$$

"我们建议公司进入提升影响力环节。我们将和营销部、公共关系部、社区事务部、培训部、领导力开发部和人力资源部合作，以保障建立和执行一整套协调沟通方案，让员工都知道我们做出的承诺。"

"我们在做这项工作的时候……"查尔斯稍稍停顿，"我想引用焦点小组的一段话来结尾。

"我就像个买了焦糖爆米花的小孩，发现里面有奖品时我非常高兴！我来这里工作是因为我需要一份工作，但我发现事实超出了我的预期，这个地方改变了我的生活。

"我们想要保证每个人都知道这里面有奖品——而且它将改变你的生活。"

庆　祝

夏天一眨眼就过去了，白天变得越来越短，孩子们已经在讨论返校了。这周六克林特正准备去上班，在离开家之前他和父母聊了一会儿。

"你们今天会来的吧？"

"一定会的，"布莱克说，"我很期待和朱莉会面。"

"今天到底要干什么，值得朱莉亲自邀请我们参加？"梅甘问。

"我不清楚，但是她邀请你们11点到那儿。"

"我们会去的。"

克林特抵达上班的地方，尽管是周六早晨，但停车场看起来比平时还要拥挤。大楼外面悬挂了横幅，摆放着气球还有几个为孩子们准备的充气玩具。

"肯定是什么特别的促销活动。"克林特在停车的时候想。当他从车里走出来的时候，他看到了詹姆斯和朱莉站在停车场。詹姆斯是公司的社区发展经理，他的工作很有趣——找到公司为社区增值的方法。

"早上好，"克林特说，"今天有什么活动吗？"

詹姆斯和朱莉互相对视了一下，然后看向克林特说："看来我们成功了。"

"确实。"朱莉说。

"你们什么成功了？"克林特有些困惑，"我错过什么了吗？"

"惊喜。"詹姆斯说。

"什么惊喜？"

"就是这个，"朱莉指向停车场，"这是为你准备的。"

"什么？我现在彻底搞不懂了。"

"当然不是给你个人的，是为了你的买井计划准备的。"

"那个井？"

"对的，今天是挖井日。"

"是吗？"

"是的！"

"今天是国家节假日吗？"

"当然不是，是我们想出来的。我们把今天的部分利润拿出来支持你的买井计划，我们也邀请顾客做出贡献。"

"你是怎么把消息传出去的？"

"有个小工具叫作社交媒体，克林特。你应该多接触外面
的世界。"朱莉说，"来吧，我们还有工作要做。"

那天的活动大获成功。事实证明，很多人想在社会上产
生影响，为巴科的村子提供一口井是个完美的机会。

中午 11 点，布莱克、梅甘和克里斯廷准时到达，聆听了
朱莉的简短发言。她站在柜台前，面对着团队成员和聚在一起
的顾客。

"感谢大家今天来到这里。你们都很捧场，每次我们提出
新点子，你们都全力支持。你们热心慷慨，造福社会，你们的
行为带来了深远的影响。感谢你们！"

"今天，我们帮助克林特、泰勒、奥利维娅和他们的朋友
亚历克斯筹款，为非洲一个偏远的乡村建一口井。那个地方他
们曾经去过，那里的人们非常需要一口水井。感谢你们的同情
心和远见。根据目前的统计，你们捐赠的资金已经足够为好几
个村庄建水井了。我们已经筹到了 17 000 美元！"

大家都鼓起掌来，很多人互相拥抱。朱莉说："感谢你们
今天来到这里！"她转向她的团队说，"下面请继续工作。"

克林特向父母走去，而泰勒和奥利维娅则回到了讲台后
面，他们都是通过克林特的引荐刚入职不久。尽管当时奥利维
娅的手臂骨折还未恢复，但是朱莉说："永远不要错过优秀人

才。"他们都很喜欢这个地方，开学之后，会想办法再回到这个地方做兼职。

克林特拥抱了他的父母，说："谢谢你们能来！"他看向人群，"所有这一切都是为了那口井。"

永远不要错过优秀人才。

"这简直让人难以置信。"梅甘微笑着说。

这时，朱莉走向人群。克林特说："爸爸、妈妈、克里斯滕，这是朱莉。朱莉，这是我的家人。"

"很高兴见到你们，"朱莉说，"你们培养了一个很优秀的年轻人。"

"我们为他感到自豪。"梅甘说。

布莱克说："我一直期待见到你。我知道今天你肯定很忙，但是我想找个时间约你一起喝杯咖啡。"

非洲马萨伊大地上的太阳慢慢落山了，空气中飞扬着厚厚的灰尘，人群拥挤。轮到克林特讲话了：

"我很感激今天能与你们在一起……"

"我们中的所有人：泰勒、亚历克斯和奥利维娅都很感激。巴科，我们和你一样悲痛。我们想念阿玛拉，但是她会永远活在我们心中。

"尽管我们生活的地方相隔很远，但我们想要你知道，我们都爱着你。它不是虚无的，而是实实在在的，这口井就是我们爱的表达。

"这个场合让我想到一句古代的谚语：饮水不忘挖井人。

"阿玛拉为你们挖了这口井。我们为你们祈祷，愿你们的子孙永远铭记她，并且永远身体健康。"

　　水井挖得很成功，庆祝活动一直持续到深夜，大家相拥
落泪并道别。这不是克林特和他的朋友们最后一次来非洲，由
于朱莉和她的客户们的支持，加上克林特、泰勒、奥利维娅和
亚历克斯已筹到的钱，迄今他们已经足够挖 9 口水井了。

　　朱莉的生意依然很红火，她创造了自己强有力的人才磁
铁。但是，像布莱克和很多这条路上的其他人一样，她还没有
充分发挥自己的创造力。朱莉并没有专注于将消息扩散开来。
她在和布莱克会面并交流意见后，她和团队决定制定一个传播
战略来让人们了解他们的公司以及公司能提供什么。她和布莱
克成了朋友，他们一起喝过很多次咖啡，并互相帮助对方把公
司打造得更加优异。

　　萨姆从一个批评者变成了改革者。他改变了整个组织的
文化——从员工开始。很显然，他现在的员工阻碍了公司的发
展。公司转变的出发点同其他组织一样：领导者。在创作这本

书的过程中，他有几家酒店已经被认定为全国顶尖酒店。

布莱克和查尔斯继续维持着合作关系。日复一日，他们正慢慢经营着全世界最佳的公司。从其现在每日接待的应聘者数量来看，他们创造的人才磁铁的效果非常好。

致
谢

　　这是我的职业生涯中最具挑战性和最富有成效的项目之
一，其中真正的乐趣在于我与上百名员工沟通交流并向他们学
习。我想向他们表示感谢。

　　铂慧公司（Prophet）团队的西沃恩·库珀（Siobhan
Cooper）、埃莉·桑顿（Ellie Thornton）、海伦·罗赛桑（Helen
Rosethorn）和迈克·弗莱明（Mike Fleming），感谢你们的热情
付出、勤奋专注和专业水准，从项目成型到最后得出结论，你
们的团队一直都表现优异。

　　怡安集团（AON）团队的克里斯·阿代尔（Chris Adair），
丽贝卡·威廉斯（Rebecca Williams）、皮特·桑伯恩（Pete
Sanborn）和里士满·富尔米（Richmond Fourmy），感谢你们帮
助我们在极度严苛的时间要求下完成了突破性的研究。你们帮
助我们发现的真理会改变这个世界。

　　感谢世界各地的领导者，感谢你们让我们查看业绩数据，

并对你们的员工进行调研。这真的很需要勇气！我相信这项工作的成果会在未来的几年内让你们的组织和你们自身受益。

致那些允许我们采访你们的优秀人才的领导者……你们在书中读到的理念都是我们在采访你们公司员工时的收获。感谢你们！

比利·林奇（Billy Lynch）、鲍勃·加雷特（Bob Garrett）、鲍勃·凯尔（Bob Kyle）、布兰登·赫斯特（Brandon Hurst）、布兰登·拉马克（Brandon LaMarque）、布莱恩·史密斯（Brian Smith）、布鲁斯·史密斯（Bruce Smith）、布赖恩·布林顿（Bryan Bullington）、查克·金（Chuck King）、丹·柯伦（Dan Curran）、丹尼尔·格里尔（Daniel Grier）、达里尔·塞勒（Daryl Saylor）、戴夫·特休恩（Dave Terhune）、迪安·桑博（Dean Sandbo）、埃里希·韦斯（Erich Weiss）、埃里克·戴夫连特（Erik DeVriendt）、格伦·罗森（Glenn Rosson）、贾森·沃德（Jason Ward）、杰伊·霍金斯（Jay Hawkins）、杰里米·史密斯（Jeremy Smith）、乔·普米利亚（Joe Pumilia）、约翰·罗登（John Roden）、乔纳森·温（Jonathan Winn）、克什·彼得森（Kersh Peterson）、凯文·哈里森（Kevin Harrison）、劳伦·普莱恩(Lauren Plain)、马克·库克(Mark Cook)、梅丽贝丝·麦克尼尔(MeriBeth McNeill)、麦克·霍姆

斯 (Mike Holmes)、麦克·路德维格 (Mike Ludwig)、纳塔莉·马茨 (Natalie Martz)、娜塔莎·吉尔伯特 (Natasha Gilbert)、保罗·兰金 (Paul Rankin)、菲利普·托马斯 (Philip Thomas)、夸特·格雷夫斯 (Quart Graves)、罗布·莫里斯 (Rob Morris)、罗伯特·巴恩斯 (Robert Barnes)、罗伯特·亨森 (Robert Hensen)、罗布·拉宾奈克 (Rob Rabenecker)、洛基·迪斯特法诺 (Rocky DeStefano)、罗杰·克拉克 (Roger Clark)、罗恩·特劳特 (Ron Trout)、鲁斯蒂·怀利 (Rusty Wylie)、肖恩·约克 (Shawn York)、托德·卡利什 (Todd Kalish)、托尼·卡里科 (Tony Carrico) 和威廉·博尔韦尔（William Boulware）。

还要感谢我们访谈过的上百位优秀人才。我们也在书中表达了你们的声音。

杰茜卡·汉普顿（Jessica Hampton）、比尔·邓菲（Bill Dunphy）、杰夫·斯泰戈特（Jeff Steggert）、瑞安·鲍曼（Ryan Bowman）、博纳·史密斯（Boone Smith），感谢你们在幕后的付出，为这个项目锦上添花。

唐娜·米勒（Donna Miller）、兰迪·格拉维托（Randy Gravitt）、贾斯廷·米勒（Justin Miller）、史蒂夫·皮耶尔桑蒂（Steve Piersanti）、劳拉·拉森（Laura Larson）、贾尼丝·拉特利奇（Janice Rutledge）、肯·弗兰卡罗（Ken Fracaro）、麦

克·麦克奈尔（Mike McNair）、莎拉·简·霍普（Sara Jane Hope）、谢伊·珀塞尔（Shay Pursel），再次感谢你们帮助我们用更简洁明了的语言传达真理。

致林赛·米勒（Lindsay Miller）、拉塞尔·惠普尔（Lasell Whipple）以及彼特·霍布斯（Peter Hobbs），我很喜欢你们设计的封面。感谢你们的创造力，感谢你们愿意和我一起努力，我们是一个优秀的团队。

最后，致那些读过这本书并从中受益的读者，感谢你们和他人分享这本书。

马克·米勒是畅销书作家、商界领袖和传媒工作者。

马克 20 年前开始写作，他和《一分钟经理人》（*The One Minute Manager*）的合著者之一肯·布兰佳（Ken Blanchard）一起创作了《秘密：卓越领导者的五项修炼》（*The Secret: What Creat Leaders Know and Do*）。这本书是他的第 7 本著作，总印数已超 100 万册，被翻译成了 25 种语言，马克的全球影响力仍在持续增加。

除了写作，马克还热衷于给领导者做演讲。这些年来，他去过几十个国家，授课的国际组织不计其数。他演讲和授课的主题是永恒的：鼓励并支持领导者。

1977 年，马克在全美最受欢迎的福来鸡速食餐厅做小时工。1978 年，他调到仓库和邮件收发室工作。从那时起，他就开始在公司的信息交流、现场操作、质量控制、顾客满意度、培训和发展以及领导力开发等领域担任领导职务。在他为福来鸡工作期间，这家公司拥有的连锁餐厅从 75 家发展到 2 300 多家，年销售额达 100 亿美元。

马克的生活方式非常积极。作为摄影师，他喜欢到世界上最偏远的地方拍摄。他去过的地方包括南极、珠穆朗玛峰基地营、卢旺达丛林和加拉帕戈斯群岛。

马克的妻子唐娜（Donna）是他的高中同学，两人已结婚 35 年。他们育有两个儿子，贾斯廷 (Justin) 和戴维 (David)，儿媳林赛 (Lindesay)，两个孙子，阿迪 (Addie) 和洛根 (Logan)。

通过以下方式可与作者马克取得联系：

手机：678-612-8441

推特：@LeadersServe

领英：Mark Miller

照片墙：TMarkMiller(大部分是个人分享)

关于研究

这个项目和这本书都源于这个问题：

是什么吸引了优秀人才？

我们的初衷是购买已有的研究成果来解答这个问题，但我发现，没有人做过这方面的研究。我感到很震惊，也因此自己开展研究。我们和全球知名组织铂慧及人力资源旗舰企业怡安合作，它们在我们的研究过程中给予支持和帮助。

在项目的不同阶段，我们使用了 4 个独立的研究方法：现场采访领导者及优秀人才，问卷调查，量化研究、对比优秀人才和一般人才（从历史业绩数据中提取样本），以及多阶段小组研究。

最终，超过 7 000 人参与了各个阶段的研究。这项研究覆盖了 50 个州，我们在 38 个城市进行了个人面谈。研究对象的年龄为 14 岁以上，涵盖了专家和小时工等不同教育背景的职业。